Jonas Duarte

Ter **consciência** é ter **poder**

Um método inovador para se conectar com seu propósito e conquistar seus objetivos

Benvirá

Copyright © Jonas Duarte, 2023

Direção executiva Flávia Alves Bravin
Direção editorial Ana Paula Santos Matos
Gerência editorial e de produção Fernando Penteado
Gerenciamento de catálogo Clarissa Oliveira
Edição Clarissa Oliveira
Design e produção Daniele Debora de Souza (coord.)
Rosana Peroni Fazolari

Revisão Maurício Katayama
Diagramação Desígnios Editoriais
Capa Lais Soriano
Impressão e acabamento Vox Gráfica

Dados Internacionais de Catalogação na Publicação (CIP) de acordo com ISBD
Vagner Rodolfo da Silva - CRB-8/9410

D812t	Duarte, Jonas
	Ter consciência é ter poder: um método inovador para se conectar com seu propósito e conquistar seus objetivos / Jonas Duarte. - São Paulo : Benvirá, 2022.
	176 p.
	ISBN 978-65-5810-147-5 (Impresso)
	1. Autoajuda. 2. Desenvolvimento pessoal. 3. Coaching. 4. Desenvolvimento profissional. 5. Propósito. 6. Resiliência. 7. Competências socioemocionais. I. Título.
	CDD 158.1
2022-2870	CDU 159.947

Índices para catálogo sistemático:	
1. Autoajuda	158.1
2. Autoajuda	159.947

1ª edição, dezembro de 2022

Nenhuma parte desta publicação poderá ser reproduzida por qualquer meio ou forma sem a prévia autorização da Saraiva Educação. A violação dos direitos autorais é crime estabelecido na Lei n. 9.610/98 e punido pelo art. 184 do Código Penal.

Todos os direitos reservados à Benvirá, um selo da Saraiva Educação.
Av. Paulista, 901, Edifício CYK, 4º andar
Bela Vista - São Paulo - SP - CEP: 01311-100

SAC: sac.sets@saraivaeducacao.com.br

| CÓD. OBRA | 715081 | CL | 671085 | CAE | 812453 |

Dedico este livro a todos que confiaram em mim e na metodologia W para transformar suas vidas e atingir seus objetivos.

*"A vida em abundância não é a vida do excesso, do desperdício, da perda.
A vida em abundância é a vida da suficiência."*
Mario Sergio Cortella

Prefácio
À primeira edição,

de José Guilherme Barbosa Ribeiro

Vivenciei a aplicação prática do livro *Ter consciência é ter poder* antes de ser convidado para escrever este prólogo. Precisava recuperar com urgência a cultura organizacional da empresa, muito prejudicada durante a pandemia, sem a qual não alcançaríamos o objetivo proposto.

Nos meus quarenta anos como executivo, nunca vivenciei, do ponto de vista empresarial, momentos tão difíceis como nos anos de pandemia. Estávamos com boa estrutura física e tecnológica, uma equipe experiente e preparada para novos desafios que o mercado nos acenava como oportunidades, e em situação confortável economicamente para alcançarmos os resultados planejados.

Então veio a Pandemia... Foi uma situação inédita para a sociedade, principalmente para os executivos que viram os consumidores diminuírem suas atividades comerciais e os contratantes mudarem suas prioridades de investimento. E tudo era agravado pela incerteza de quando terminaria a pandemia e se voltaríamos a uma normalidade de mercado. A nossa situação financeira piorou, tivemos que tomar decisões para diminuição de custos em todas as áreas da organização. As demissões foram inevitáveis e, como consequência, a cultura organizacional foi duramente afetada.

Após a pandemia, medidas disruptivas foram tomadas para perseguir nossos propósitos. Fomos ao mercado, verificamos que várias metodologias transformadoras de cultura tinham bons resultados, mas em situação normais, o que não era o nosso caso. Situações difíceis requerem ousadia nas decisões e parceiros comprometidos com os nossos valores, e encontrei isso na WARANA para desenvolver uma cultura forte, perene, que estimule a valorização humana, inovação, sustentabilidade, empreendedorismo, criatividade, cooperação e compromisso com resultados.

Com o livro pronto, fui lê-lo e fiquei impressionado com a clareza e facilidade do escritor em transmitir para o leitor todas as práticas da metodologia W que me levaram ao sucesso. É uma leitura agradável, fascinante capítulo a capítulo, e que nos traz grandes revelações e aprendizados, aplicáveis na vida pessoal e profissional na busca de melhores resultados.

O livro *Ter consciência é ter poder* e sua metodologia W são transformadores de pessoas e organizações motivadas a melhorar suas vidas para alcançar seus propósitos. Recomendo a leitura!

Obrigado, WARANA!

Sumário

PREFÁCIO VII

INTRODUÇÃO

E SE EU TE DISSESSE QUE TENHO O MAPA PARA
A ABUNDÂNCIA? 1
    Como cheguei até aqui e me tornei quem eu sou 5
    A Metodologia W 9
    Acordos de Convivência 13
    Check-in...18
    Vamos em frente?..20

PARTE 1

EU: SEJA VOCÊ. PENSE POR VOCÊ. FAÇA POR VOCÊ. 23
    Níveis neurológicos 30
    Quanto de mim sou eu e quanto de mim é herdado? 33

O outro lado da mesma moeda 36
Forte ou fraco, alegre ou triste 41
A estrada para a realização 45
"A vida começa quando termina a sua zona de conforto" ...51

PARTE 2

MEDO: POR QUE VOCÊ AINDA NÃO É QUEM QUER SER 59
Deixe para trás o que te impede de ir adiante 63
Me digas no que crês e te direi onde irás chegarás 69
Vulnerabilidade: a chave para lidar com o medo 78

PARTE 3

CONSCIÊNCIA: SEU NOVO EU 85
Ressignifique-se 89
Engane-se: o antídoto contra suas crenças limitantes 91
A visualização como elemento-chave da visão de futuro ...98
Planeje-se 103
Como traçar metas 104
Plano de ação 107

PARTE 4

RESILIÊNCIA: VOCÊ MAIS FORTE 115
Quatro passos para a mudança de comportamento 119
O poder do ainda..124
Saiba pedir ajuda 125

Energias Warana..127
Rituais para recarregar a energia 135
Hora de colocar suas metas em prática 137

PARTE 5

PODER: VOCÊ NO SEU LUGAR.......................141
Vida em abundância..142
Recapitulando os níveis neurológicos 144
Metas SMART..146
Resumindo suas ações na Metodologia W 149
Seja grato 150
Celebre suas conquistas 155

AGRADECIMENTOS......................................157

Este livro conta com um caderno de exercícios exclusivo,
bem como outros materiais de apoio, que podem ser acessados
na página do livro no Saraiva Conecta:
https://somos.in/TCTP1

Introdução

*E se eu te dissesse que tenho o
mapa para a abundância?*

Na minha vida, sempre conquistei tudo o que quis: cargos executivos no setor financeiro, no qual fui líder de diversas equipes, uma reserva financeira que hoje traz segurança para mim e para a minha família, uma empresa de treinamentos que se tornou a maior do Brasil em sua área de atuação. No âmbito individual, consegui atingir alguns objetivos pessoais, como correr uma meia maratona, participar de cursos de extensão em instituições de prestígio e visitar países que sonhava conhecer: foram mais de 20, até que me mudei para a Austrália, onde resido há dois anos, a fim de sair da minha zona de conforto – tema que será explorado neste livro – e viver uma nova cultura. Foi na

Austrália que fundei minha nova empresa de treinamento e desenvolvimento, a Warana.

Começar o livro dessa forma pode dar a impressão de que sou arrogante, mas resolvi correr o risco de ser julgado assim porque quero que você saiba que, assim como eu, você também pode alcançar tudo isso e o que mais desejar, desde que tenha consciência real de duas coisas: o que você quer e o que precisa fazer para conquistar seus objetivos.

E eu vou te dar um mapa para fazer isso. Esse mapa se chama Metodologia W. Embora ela tenha nascido inspirada no trabalho de estudiosos como Robert Dilts (níveis neurológicos) e Richard Barrett (sete níveis da consciência) e nos ensinamentos que recebi em alguns centros acadêmicos nos quais tive o privilégio de estudar, como Harvard e o Instituto de Tecnologia de Massachusetts (MIT), a Metadologia W foi moldada por minha experiência, pessoal e profissional, e pela observação da vida de pessoas que admiro – aquelas que atingem seus objetivos com esforço e consciência.

A Metodologia W é composta por cinco dimensões – **Eu**, **Medo**, **Consciência**, **Resiliência** e **Poder**. Para cada uma dessas esferas, ela oferece mais do que apenas teoria. Neste livro, você irá colocar a mão na massa. Exploraremos os mais variados exercícios que o levam a ter mais consciência sobre si mesmo, seus objetivos, seus medos e tudo aquilo de que necessita para alcançar o que deseja. Se aceitar encarar este desafio comigo, você precisa estar comprometido e disposto a realizar as atividades que apresentarei ao longo dos capítulos. Elas são importantes para deixar o conceito mais claro, para que possa aplicá-lo na sua vida.

O grande diferencial da metodologia é justamente a praticidade e a clareza sobre sua aplicação e funcionamento. Você vai perceber que não existe nenhum segredo por trás dela e que, a partir do momento que tomar consciência de todas as suas dimensões, poderá fazer uso dela a qualquer hora, para qualquer objetivo.

A metodologia é indicada para todos que queiram promover mudanças na própria vida, que desejem impactar o ambiente e alcançar seus objetivos, sejam eles quais forem. Ela também pode ser usada por empresas ou para a realização de algum projeto específico. Isso porque ela engloba desde a definição do objetivo até a criação de um plano de ação, passando pelos fatores que podem atrapalhar o sucesso do projeto. É, no fundo, um exercício de autoconscientização. Empresas no Brasil e no mundo, dos mais diversos setores, têm adotado a Metodologia W: para rever sua missão, para introduzir um novo mindset e enfrentar momentos de crise, para engajar seus funcionários na cultura da empresa, entre outros. E o mais interessante é que, mesmo no caso de empresas, a mudança começa sempre no nível pessoal do funcionário. Só uma pessoa consciente de si mesma e que impacte o ambiente – sem ser impactada por ele – pode ser o agente da mudança dentro de uma organização.

Mas, para que funcione, você precisa estar disposto a sair do automático, da zona de conforto, a dedicar um tempo precioso para colocar a metodologia em prática. Em meus mais de 15 anos como consultor de liderança, já treinei mais de 30 mil pessoas, e não raro presencio os participantes saindo das minhas palestras e treinamentos dizendo que os ensinamentos compartilhados ali os fizeram enxergar a vida de outra forma e que, a partir daquele momento, iriam operar grandes mudanças em sua forma de agir. No entanto, apenas 15% deles colocam em prática o que aprenderam; os outros 85% retornam à rotina normal após algum tempo, depois de esbarrarem nas primeiras dificuldades. Para o método dar certo, são necessárias resiliência (uma das dimensões da Metodologia W e que abordarei em detalhes na Parte 4) e muita paciência, já que, para mudarmos um hábito, precisamos de tempo e dedicação – e é importantíssimo respeitarmos o nosso ritmo no processo. Você vai entender aqui um pouco sobre como o nosso cérebro funciona e o que a neurociência diz sobre a mudança de hábitos.

Se você achar que neste momento não terá tempo para se dedicar, que não conseguirá se comprometer, sugiro não seguir com a leitura. Sim, estou sugerindo que abandone este livro. Mas recomendo que o deixe à vista, para que possa voltar a ele quando achar que está preparado para continuar. Ou dê de presente para alguém que esteja verdadeiramente em busca de novos caminhos. Quem sabe lá na frente ele não te inspire?

Como me citei no início deste capítulo como um exemplo de que a metodologia funciona, vou contar um pouco da minha história de vida para você entender o motivo.

COMO CHEGUEI ATÉ AQUI E ME TORNEI QUEM EU SOU

Todas as conquistas que narrei nas primeiras linhas desta introdução têm uma importância muito grande para mim, já que nenhuma delas veio de mão beijada e todas são resultado de muito esforço. Embora eu tenha nascido em uma família de classe média de São Paulo, enfrentei muitos desafios para chegar à posição em que estou hoje. Meus pais se separaram quando eu era adolescente e, como minha mãe não tinha condições financeiras de criar os filhos, meu pai ficou com a nossa guarda. Com a intenção de nos dar uma vida melhor, algo que não compreendi na época, ele decidiu se mudar com a família para Portugal. Mas eu decidi ficar, para ajudar a minha mãe.

Então, aos 16 anos, comecei a trabalhar como vendedor num shopping para sustentar a nossa pequena família. Não foi fácil. Nos faltava o básico. Foram inúmeras as vezes que vi minha mãe chorando, e eu não podia desistir, tinha que estar ao lado dela e fazer o meu melhor para superarmos as dificuldades financeiras e também emocionais que enfrentávamos. Depois de terminar o ensino médio, entrei na faculdade de administração decidido a não passar mais nenhum aperto. Na minha cabeça, a única alternativa para isso era estar onde o dinheiro estava. Seguindo essa lógica, enxerguei no banco a minha melhor opção de carreira. Durante os 15 anos em que atuei no setor, passei por algumas das maiores instituições financeiras do Brasil e, apesar do salário, dos benefícios e do reconhecimento, que vinha em forma de promoções, não me sentia 100% feliz, o ambiente me impactava negativamente e minha atuação como líder de equipe – cargo ao qual cheguei antes dos 30 anos – não era acreditada, inclusive por mim.

Procurei, então, um treinamento de liderança – lembrando que, na época em que tudo isso ocorreu, esses cursos eram novidade. O que presenciei durante o programa de formação mexeu tanto comigo que saí de lá com a sensação de que havia encontrado o que gostaria de fazer pelo resto da minha vida, algo que me traria realização. O treinamento de liderança não eliminou todos os altos e baixos do meu caminho. Eles continuam existindo, mas aprendi estratégias para encarar os desafios de maneira mais saudável e para estar mais consciente durante a jornada até o meu objetivo. A partir daquele dia defini o meu propósito de vida, que começou como "impactar a vida das pessoas" e hoje é "trazer abundância para a vida das pessoas".

O propósito não é algo cósmico e muito menos engessado. Você pode mudar e aprimorá-lo ao longo da vida, como eu fiz. Cheguei ao meu propósito como está hoje a partir de uma definição do que é uma vida em abundância dada pelo professor Mario Sergio Cortella – e que fiz questão de reproduzir na epígrafe de abertura deste livro. O que desejo para mim e também para você não é o excesso ou o desperdício a que a abundância está associada, mas a satisfação de suas necessidades e aspirações. Não quero, por exemplo, que você seja necessariamente o melhor da sua área de atuação ou que ande coberto com as roupas e os acessórios das grifes mais caras do mundo – a menos que essas sejam as suas vontades; quero que você possa usufruir do que desejar sem restrições, que não tenha mais dificuldades para conquistar os seus objetivos. Quando deixamos de interpretar a abundância como "fartura" e passamos a vê-la como "suficiência", pautamos nossas escolhas mais conscientes do nosso próprio valor, do que nos satisfaz e calibramos nossas expectativas com base no nosso "eu real".

Este livro é uma das maneiras de realizar esse propósito; com ele quero trazer abundância para a sua vida. A consciência é essencial para atingirmos aquilo que desejamos. Afinal, quando você sabe o que quer e o que te impede de conseguir, se torna capaz de traçar o caminho para levá-lo a esse resultado, prevendo todos os passos dessa jornada e desenvolvendo estratégias para cada um deles.

Embora hoje eu tenha consciência de que a Metodologia W sempre me acompanhou e foi parte essencial das minhas conquistas, só tive noção de sua existência e a coloquei no papel recentemente. Ela surgiu quase como uma intuição. Observando a minha vida e a vida das pessoas que admiro, percebi que todos que alcançaram o sucesso percorreram o mesmo caminho e precisaram desenvolver as mesmas competências. E os altos e baixos presentes nesse caminho, quando colocados no papel, formavam a letra W.

E é exatamente sobre os altos e baixos de qualquer jornada em direção ao sucesso que a Metodologia W fala. Aqui vamos discutir o que fazer quando está em alta, para tirar o melhor aproveito do momento, e como se recuperar quando estiver em baixa.

A Metodologia W surgiu durante meu ano sabático na Austrália, após ter participado ativamente da venda bem-sucedida da empresa que ajudei a fundar e que se tornou uma das maiores companhias de treinamento de líderes do Brasil. Era para ser um período longe do trabalho, dedicado mais à família, mas o descanso não durou nem dois meses. Um jogo de futebol infantil proporcionou um encontro que mudou, mais uma vez, o rumo da minha história. Quando estamos conectados com nosso propósito e falamos dele o tempo todo, essa mágica acontece, você encontra pessoas que têm o mesmo propósito que você. Todos os resultados na minha vida começaram dessa forma. Depois desse dia, resolvi abrir minha empresa: a Warana Treinamentos e Consultoria. O nome, em homenagem à praia onde morava, vem da palavra em tupi-guarani waraná, que significa princípio de todo conhecimento. Imagina... o nome, além de uma homenagem ao lugar que me acolheu, também estava fortemente ligado ao Brasil, minha terra natal, e à metodologia que desenvolvi. Não tinha como dar errado!

Esta é a primeira das muitas dicas que darei ao longo deste livro: esteja atento aos sinais. Tudo acontece no presente. O passado já foi e o futuro nem chegou. É no aqui e no agora que o universo nos proporciona oportunidades. Tenha certeza, o universo sempre nos manda respostas, presentes, oportunidades, e cabe a nós agarrá-los. Foi exatamente o que eu fiz nesse momento da minha vida e em tantos outros. Todas as minhas conquistas foram resultado de eu estar presente. Quem sabe este não seja o seu presente?

A METODOLOGIA W

Como mencionei, a Metodologia W é composta de cinco dimensões (Eu, Medo, Consciência, Resiliência e Poder). Para definir e atingir qualquer objetivo, independentemente do tamanho, você precisa passar por todas elas.

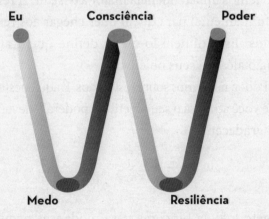

Na dimensão Eu, nosso ponto de partida, vamos falar sobre propósito – pode ser pessoal ou do seu negócio –, visão de futuro, valores, crenças e pontos fortes. Será um mergulho na sua essência, naquilo que faz você ser quem é.

Na dimensão Medo, vamos abordar tudo aquilo nos impede de seguir em frente, derrubar o mito de que não podemos sentir medo e aprender como tirar benefício dessa emoção comum a todos nós. Aqui nos aprofundaremos nas crenças limitantes que atrapalham a nossa evolução.

Em Consciência, você verá que estar ciente dos seus objetivos, de quem você é e de quanto falta para chegar aonde deseja te dá poder para mudar comportamentos. Vamos conhecer como funciona aquilo que chamo de "olhar de um lugar privilegiado".

No capítulo que aborda a dimensão Resiliência, vamos falar sobre aquele momento em que estamos começando um novo desafio e encontramos os primeiros obstáculos, quando temos uma tendência maior a desistir. A resiliência é algo fundamental para quem quer chegar aos resultados desejados. Essa dimensão é que define quem alcança e quem não alcança seus objetivos.

Em Poder, falaremos sobre resultados. É aqui, nesta dimensão, que você atingirá o seu objetivo e poderá – deverá – celebrar e agradecer!

A metodologia funciona para mudanças pequenas ou grandes, de curto ou longo prazo. Se você acha que terá dificuldade para empreender uma revolução na sua vida agora, comece devagar, com objetivos menores ou de curto prazo. Essas conquistas ajudarão a pegar confiança na metodologia e, mais importante, em você mesmo! Caso sinta que esta é a hora de mudar, de dar uma guinada na sua vida, trace uma meta mais desafiadora. Essa escolha eu deixo nas suas mãos!

> Vamos começar colocando um objetivo no papel? Defina uma meta e estipule um prazo. Seja realista para não gerar frustração logo de cara. Grandes mudanças requerem mais tempo para ocorrer. Esse momento é importante, pense a respeito e, se achar necessário, feche o livro e volte quando estiver mais claro para você o que deseja.
>
> _____
> _____
> _____
> _____
>
> Falaremos sobre este exercício e sobre como traçar objetivos na Parte I.

Se você se
abrir para
o novo,
terá um
resultado
novo na
sua vida.

ACORDOS DE CONVIVÊNCIA

Antes de seguir com a leitura e se aprofundar na Metodologia W, gostaria de estabelecer alguns combinados para que você consiga aproveitar ao máximo todos os conteúdos que serão abordados nas próximas páginas:

1. ASSUMA UM COMPROMISSO COM VOCÊ MESMO

    O que você vai aprender aqui é o caminho que eu e outras pessoas percorremos, mas ele por si só não garante seu sucesso. Você precisa se empenhar, se aprofundar para conquistar os melhores resultados. Seja sempre sincero com você mesmo, principalmente sobre o momento atual de sua vida – você não conseguirá mudar se não souber exatamente onde está. Tenha uma postura de protagonista, se responsabilizando por suas decisões. E, acima de tudo, se respeite, respeite o seu momento. Não faça nada sem estar seguro de que é isso que deseja fazer.

2. PLANEJE-SE E NÃO PULE ETAPAS

    Leia os capítulos na ordem em que estão apresentados. Ler o Capítulo 5 sem ter lido o 3, por exemplo, o tornará menos eficaz, já que os conteúdos estão conectados e precisam um do outro para atingir seu potencial máximo. Se possível, crie um ritual: pense quanto tempo você poderá dedicar por dia ou semana à leitura ou a um exercício ou reflexão propostos; caso goste, tenha um caderno à mão para fazer anotações. Tanto o planejamento mental quanto o objetivo farão toda a diferença nessa jornada.

3. Não deixe seu cérebro "fisgar" você

A todo momento seu cérebro vai tentar desviar sua atenção, tirando o foco do novo e levando para algo conhecido – sabe aquele pensamentozinho que insiste em aparecer, dizendo que tudo isso é perda de tempo, que você não vai aprender nada? É disso que estou falando.
Seu cérebro faz isso como uma espécie de proteção. Ele tem a tarefa de mantê-lo seguro, e nada mais seguro do que fazer você ficar na sua zona de conforto. Por isso você vai precisar empreender mais esforço para se manter focado. Sempre que sua atenção for desviada, lembre-se do motivo de estar lendo este livro, lembre-se do seu objetivo.

4. Abra-se para o novo

Entre nesta leitura de coração aberto. Você só conseguirá operar grandes mudanças na sua vida se sair da sua zona de conforto e se dispuser a acolher os ensinamentos apresentados aqui. Não seja um leitor passivo, daqueles que não participam, nem um leitor que acredita já saber tudo e impõe uma barreira para novos aprendizados. Participe, se questione. Tenha, durante a leitura deste livro, as atitudes que você gostaria de ver em sua vida. Você prefere ver a vida passar, só observando da janela, ou quer vivê-la intensamente? O mesmo vale para esta jornada que você está começando.

5. Esteja presente

Você já deve ter ouvido falar sobre mindfulness, e o que proponho aqui é que você faça a leitura deste livro de forma consciente, com atenção plena. No check-in (página 26), ensinarei uma técnica para atingir o estado de presença, mas já deixo aqui duas dicas, que podem parecer óbvias, mas muita gente esquece:

- Mantenha seu celular longe de você durante a leitura (esta dica vale para tudo na sua vida que exigir concentração).
- Reserve um tempo para ler e avise às pessoas que moram com você que não gostaria de ser interrompido.
- Estipule um número de páginas para ler todos os dias ou ao longo de uma semana. E busque cumprir esse planejamento!

Grandes universidades internacionais nas quais tive a oportunidade de estudar dedicam, em alguns cursos, um tempo antes do início das aulas para meditação. No meu primeiro dia de aula em Harvard, quando já estávamos dentro da sala, fomos surpreendidos por um "sininho" e chamados para nos reunir do lado de fora do prédio. No gramado, toalhas espalhadas pelo chão nos esperavam e fomos convidados a meditar – prática que durou cerca de dez minutos. Ao retornarmos para a sala, nos foi explicado que a meditação, bem como outras técnicas que foquem o estado de presença, ajudam na retenção do aprendizado. É comprovado que, quando estamos em estado de presença, conseguimos reter muito mais informações do que quando não estamos.

6. Eleja um mentor

Todos nós sabemos que algumas vezes é difícil se comprometer com uma tarefa, mesmo que ela seja importante para a nossa vida e o nosso futuro, e que um puxão de orelha pode fazer toda a diferença, servindo como um incentivo. Por isso, quero que você eleja um mentor, alguém que irá acompanhar a sua evolução na leitura do livro e terá a responsabilidade de cobrar sua dedicação em cada uma das tarefas propostas aqui. Escolha alguém de sua confiança, uma pessoa que terá liberdade de cobrá-lo e que não se sentirá inibida em dizer que você não se dedicou 100% a determinada tarefa. Tenha conversas regulares com o seu mentor, mostre como está a evolução da leitura, fale sobre as dificuldades e as descobertas e compartilhe os exercícios com ele.

7. Compartilhe

Ao longo do livro, vou pedir que você compartilhe com outras pessoas alguns dos insights que tiver sobre sua vida e seu propósito. Geralmente, quando compartilhamos, as informações ficam mais claras – e até mais reais. Sabermos o que as pessoas acham de nós, como nos enxergam também é de extrema importância para essa jornada que estamos prestes a iniciar. Vou dar um exemplo da minha própria vida que mostra a importância de compartilhar.

Quando descobri meu propósito, o compartilhei com um grande amigo, e essa simples conversa nos levou a abrir a primeira empresa de treinamentos da qual fui sócio. Um ano e meio depois, precisei deixar a sociedade por questões pessoais, mas, dez anos depois, em uma nova conversa com ele, com a intenção de entender como estava o mercado, ele propôs que eu me juntasse a ele novamente. Esse simples compartilhamento de informações me levou de volta à minha primeira empresa, que se tornou a maior de seu setor no Brasil. Imagine a oportunidade que eu teria perdido se tivesse simplesmente partido em busca do meu propósito sem compartilhar o meu objetivo com ninguém.

8. CELEBRE E AGRADEÇA

Para cada objetivo alcançado, seja ele grande ou pequeno, dedique um tempo à celebração e gratidão. Toda conquista é resultado de muito empenho e não deve passar em branco!

CHECK-IN

Eu sempre digo que o presente é um presente! Por isso, devemos aproveitá-lo ao máximo, sem remoer o passado ou tentar prever o futuro. Para que você alcance o estado de presença sobre o qual falei nos Acordos de Convivência, vou ensinar aqui a técnica que aplico nos treinamentos ao vivo e on-line há muitos anos.

1. Sente-se em uma cadeira de forma confortável, mantendo a coluna ereta e apoiando as mãos nas coxas.
2. Coloque uma música, de preferência instrumental, para que não se distraia com a letra nem comece a cantar.
3. Feche os olhos e volte sua atenção para sua respiração.
4. Comece a respirar de forma mais profunda. Inspire e segure o ar contando até três. Solte o ar, esvaziando os pulmões o máximo que puder.
5. Agora, coloque uma intenção na respiração. Vá sentindo seu corpo, criando consciência de cada parte dele. Existe alguma dor? Como está a sua mente? Existe alguma ansiedade? Vá relaxando e se conectando com você.
6. Pense em uma palavra ou frase que resuma o melhor que você pode oferecer para este momento; pode ser gratidão, determinação, dedicação, pense na palavra que te representa.

7. Vá abrindo os olhos com calma, respeitando o seu momento.
8. Agora você está no seu estado de presença. Aproveite!

Importante ressaltar que, durante o estado de presença, os pensamentos continuarão vindo à sua mente, e isso não é um problema. Acolha-os e volte o foco para a sua respiração. Você perceberá, depois de um tempo, que será capaz de não prestar atenção a esses pensamentos nem aos ruídos ao seu redor. O ruído continuará ali, mas você não sentirá mais necessidade de nomeá-lo, de saber exatamente o que é. Isso não acontecerá de uma hora para outra, será preciso muita prática.

Esse check-in pode ser usado em qualquer momento da sua vida: antes de uma reunião, de uma aula ou evento importante. Use-o sempre que tiver necessidade de estar ainda mais presente. A duração dessa preparação depende de você e do tempo que tem disponível.

Se precisar de inspiração para escolher a música, acesse a playlist da Warana no Spotify:

Você também pode fazer o check-in guiado acessando o link: https://somos.in/TCTP1

VAMOS EM FRENTE?

Se você chegou até aqui é porque resolveu continuar e se sente preparado para perseguir seus objetivos. Obrigado pela confiança!

Mas, antes de seguirmos juntos nesta jornada, gostaria que você firmasse um compromisso. Não comigo, mas com você mesmo.

Eu, _____,
me comprometo a _____
_____

Data: _____

Assinatura: _____

Parte 1

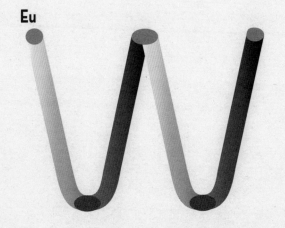

Eu: Seja você.
Pense por você.
Faça por você.

Pense comigo, você está em um avião, uma turbulência como nunca viu antes começa, a aeronave passa a chacoalhar de forma violenta. Nesse momento, máscaras de oxigênio caem. A seu lado está uma criança. O que você faz? Seguindo a instrução dada pelos comissários de bordo antes do início do voo, você deve colocar a máscara primeiro em si mesmo, antes de colocar na criança ou em qualquer pessoa à sua volta. Isso porque você não conseguirá ajudar ninguém se não estiver na sua melhor forma.

Espero que você nunca tenha que passar por uma situação como essa, mas esse ensinamento de, antes de tudo, cuidarmos de nós deve ser aplicado em todos os âmbitos da nossa vida. E essa é a minha proposta na primeira dimensão da Metodologia W: olhar para você antes de se voltar para os outros e para o ambiente.

O foco da dimensão Eu é entender quem somos e qual é o nosso propósito de vida. Por esse motivo, faremos aqui um mergulho no autoconhecimento, buscando entender o que faz você ser quem é – quais elementos o moldaram assim – e descobrir o que move a sua vida, aquilo que gostaria de fazer e que o faria feliz. Você não será capaz de avançar na metodologia, e na vida, se não souber exatamente o que quer.

Todas as pessoas de sucesso que conheço têm isso em comum: elas sabem exatamente qual é o seu propósito. Quando perguntadas, nunca vacilam, respondem de bate-pronto. Só que essa não é a realidade da maioria dos indivíduos. Em meus mais de 15 anos trabalhando com comportamento humano, pude comprovar que grande parte das pessoas com quem tenho contato não tem ideia de quais objetivos quer alcançar na vida. Se você faz parte desse grupo, nas próximas páginas vou te ajudar a descobri-los por meio de muita prática.

Para começar, vamos falar um pouco de você. Na Introdução, contei um pouco da minha história; agora, quero propor que você conte a sua.

> Primeiro, pense em alguém em quem confia e com quem você gostaria de compartilhar sua história – pode ser um filho, um amigo, um companheiro, até mesmo alguém que já não está entre nós, fique à vontade para escolher – e escreva

uma carta para essa pessoa. Inclua as passagens da sua vida que considera mais importantes, seus sucessos, seus fracassos, orgulhos e arrependimentos.

Depois de terminar a carta, faça uma linha do tempo com os acontecimentos mais marcantes da sua vida, pessoal e profissional. Inclua tudo o que considerar importante e parte formadora do que você é hoje, sejam eles positivos ou negativos. Não se esqueça de que tanto as alegrias quanto as dores foram importantes para o seu crescimento nas mais diversas áreas. Sua linha do tempo precisa ter no mínimo cinco grandes marcos. Veja o modelo na p. 26.

Terminou? Antes de seguirmos, quero compartilhar a minha linha do tempo com você.

Olhando para a minha linha do tempo, você consegue identificar passagens que talvez tenha deixado de fora da sua? Tem ideia do motivo de não as ter mencionado antes? Há algo que você incluiria agora no seu exercício?

Eu: Seja você. Pense por você. Faça por você.

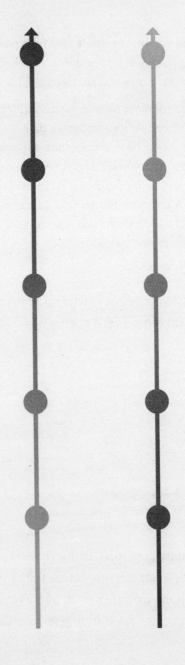

Como os acontecimentos negativos impactaram a sua vida? Você consegue identificar consequências positivas deles? Reflita sobre essas questões e refaça o exercício se achar oportuno.

Agora, vamos dar mais um passo. Como você já sabe aonde quer chegar, precisa, antes de começar a sua jornada, estar ciente do seu ponto de partida. As perguntas a seguir foram formuladas para ajudá-lo nessa tarefa. Ao respondê--las, tenha em mente tanto as histórias que você escolheu narrar na carta quanto os marcos, pensando se eles foram acontecimentos isolados ou se, de alguma forma, continuam presentes no seu dia a dia, influenciando suas atitudes e a maneira como você conduz suas relações.

1. Você está satisfeito com a sua vida hoje? Dê uma nota de 0 a 10.
2. Que aspecto da sua vida o incomoda mais? Por quê? Você vê alguma maneira de se "livrar" dele? O que, ou quem, teria de mudar para isso?
3. Que aspecto da sua vida o agrada mais? Por quê? Você vê alguma maneira de criar outros marcos agradáveis? O que, ou quem, poderia ajudar nisso?
4. Seus marcos são mais felizes ou dolorosos?
5. Você teve mais facilidade/dificuldade para lembrar dos marcos de sua vida pessoal ou profissional?
6. Você costuma falar sobre esses marcos ou guarda para si? Quando fala, lembra de suas conquistas ou de suas frustrações?

7. Você se orgulha de seus marcos ou acha que "fazem parte"?
8. Houve uma concentração maior de marcos em alguma fase da vida?
9. Seus marcos foram experiências em que estava sozinho ou houve participação de outros – neste caso, há uma pessoa constante em sua vida?

Somos o resultado de todas as nossas experiências e decisões, mesmo as erradas. Agradeça e honre cada passagem de sua vida.

Os exercícios e as perguntas relacionadas a eles requerem uma boa dose de reflexão e te ajudam a elevar o nível de consciência sobre sua vida, seus feitos e seus valores; com eles, você consegue enxergar o que tem de mais importante na sua vida, aquilo que acredita que não está tão bom e as pessoas que são a sua referência ou base. Essas pessoas que apareceram nas suas respostas poderão servir como mentores ou consultores para você em momentos decisivos da sua vida. Como disse Emily Esfahani Smith, autora do livro *O poder do sentido*, em sua palestra TED: "Criar uma narrativa com os eventos de nossa vida traz clareza e ajuda a entender como nos tornamos quem somos".

NÍVEIS NEUROLÓGICOS

Um dos especialistas em comportamento humano que mais admiro é Robert Dilts. Quem está familiarizado com programação neurolinguística conhece a sua teoria dos níveis neurológicos e sabe que ele é uma referência na área. A teoria de Dilts tem como foco a mudança real de comportamento e prega que a transformação de qualquer meio – seja ele a sua vida pessoal ou a sua empresa – começa com mudanças no indivíduo. Essa ideia é uma das grandes inspirações para a Metodologia W, como você vai notar conforme formos avançando.

Ambiente – Ambiente é todo o lugar em que vivemos. Nossa casa, nosso trabalho, a faculdade, tudo isso é o ambiente.

Comportamentos – Os comportamentos são a maneira como nos comportamos em cada ambiente que frequentamos. Os humanos são os únicos seres que mudam seu comportamento de acordo com o ambiente. Nós somos seres adaptativos.

Capacidades – Capacidades são todos os conhecimentos que adquirimos na nossa vida, independentemente do tipo de conhecimento.

Crenças e valores – Crenças e valores são tudo aquilo que acreditamos ser correto e que usamos como norteadores de nossas ações.

Eu – O eu está ligado ao seu propósito de vida, quem você é e para onde está indo.

Muitos de nós passamos a vida nos três primeiros níveis da pirâmide: ambiente, comportamentos e capacidades. Quando não conseguimos ultrapassar esses níveis, somos impactados pelo ambiente e pelas pessoas ao redor. Costumo dizer que, quando estamos nessa posição, não pilotamos o nosso barco, ele é pilotado por alguém de fora, já que as nossas decisões estão diretamente ligadas às atitudes e aos comportamentos dos outros. A transformação, a mudança de comportamento acontecem no nível do eu. Segundo Dilts, se conseguirmos chegar ao topo da pirâmide e, a partir dali, ir descendo, seremos capazes de mudar o ambiente à nossa volta.

E só é possível atingir o nível do eu quando conhecemos as nossas crenças, os nossos valores e fazemos um esforço para encontrar a nossa essência, que é a base da Metodologia W. Entendeu agora o motivo de eu dizer que a metodologia está conectada com a teoria dos níveis neurológicos? Quando eu sei quem sou, consigo determinar quais valores e crenças me guiam e, a partir deles, mudar o meu comportamento e impactar o ambiente. Só assim assumo o controle da embarcação, deixando de ficar à deriva.

Existe uma parábola, de autoria desconhecida e da qual gosto muito, que mostra como nossos valores e nossas crenças impactam na maneira como vemos a vida. Gostaria de compartilhá-la com vocês:

Um homem viajando por uma estrada se deparou com uma construção na qual trabalhavam três pedreiros. Como a obra ainda estava em seu início, o homem, curioso, resolveu perguntar o que aqueles homens estavam fazendo. Ele chegou para o primeiro pedreiro e questionou:

– O que você está fazendo?

– Estou quebrando pedras, morrendo de trabalhar embaixo desse sol – respondeu o trabalhador.

Ele repetiu a pergunta para o segundo pedreiro, que respondeu:

– Estou ganhando a vida, levando o sustento para a minha família. Não posso reclamar.

Ao fazer o mesmo questionamento para o terceiro, a resposta o surpreendeu:

– Estou construindo uma igreja, um lugar onde muitas pessoas encontrarão conforto para seu sofrimento.

Cada um dos três deixou clara a forma como via o mundo a seu redor, e suas respostas foram baseadas na maneira como foram criados e nas crenças e valores que herdaram e construíram ao longo da vida. Por isso é importante fazer uma "avaliação" periódica das crenças, para verificar quais podem ser deixadas de lado, por impactarem negativamente o seu comportamento.

QUANTO DE MIM SOU EU E QUANTO DE MIM É HERDADO?

Quem você é hoje, o seu ponto de partida, tem muito a ver com suas experiências e com a criação que recebeu. Já parou para pensar em quanto do que faz – dos seus comportamentos – é verdadeiramente seu e quanto é herdado da sua família?

Ao longo da nossa infância e juventude, nossos pais nos transmitem diariamente diversas lições. Elas vão, ao longo da nossa evolução, nos moldando como seres humanos e se refletem nas nossas atitudes e na maneira como enxergamos a vida. Um ensinamento que costumamos receber nesses primeiros anos está relacionado ao dinheiro: não se deve falar sobre questões financeiras com outras pessoas – às vezes nem com as da família –, e frases como "o dinheiro não traz felicidade" e "o dinheiro é algo sujo" são ditas com frequência na maioria das casas brasileiras. Só que a verdade é que, ao falarmos sobre finanças com aqueles que nos cercam, podemos construir uma vida financeira muito mais saudável e, consequentemente, sermos muito mais felizes. Sim, hoje eu acredito que o dinheiro traz felicidade, ou, como dizem por aí, pelo menos "manda buscar".

Outro ensinamento está relacionado ao sucesso: para ser bem-sucedido é preciso trabalhar incansavelmente e abrir mão de várias coisas, inclusive momentos de lazer. Quem nunca ouviu a frase "primeiro a obrigação, depois a devoção"? Só que o que nossos pais não nos falam é que o conceito de sucesso varia de uma pessoa para outra. Para algumas, ter sucesso é alcançar uma posição de destaque no trabalho ou na sociedade, para outras, é trabalhar dignamente e poder desfrutar, com esse dinheiro suado, de bons momentos ao lado daqueles que ama. Esses ensinamentos são chamados de "crenças".

O que não podemos esquecer é que, como somos indivíduos em constante transformação, esses ensinamentos, que um dia já fizeram sentido para nós e nos ajudaram a chegar aonde estamos hoje, podem deixar de ser relevantes conforme evoluímos. Alguns podem até ter se tornado obstáculos, sem que você tenha consciência disso. Vamos falar sobre isso na Parte 2, a dimensão Medo, em que abordaremos com mais profundidade as crenças e os impactos que causam no nosso desenvolvimento.

Agora, vamos fazer uma rápida reflexão.

Faça uma lista com algumas crenças que você possui hoje. Guarde essa lista; voltaremos a ela mais adiante.

Exemplos:

Eu acredito que para ter sucesso na vida é preciso trabalhar mais do que os outros.

Eu acredito que só eu consigo fazer bem-feito.

Agora é a sua vez de colocar as suas crenças no papel:

Eu acredito que _____
_____
_____

Eu acredito que _____
_____
_____

Eu acredito que _____
_____
_____

> Eu acredito que _____
> _____
> _____
>
> Eu acredito que _____
> _____
> _____

O OUTRO LADO DA MESMA MOEDA

Da mesma forma que as crenças, muitos dos nossos valores são provenientes da nossa criação. Pessoas que, por exemplo, tiveram uma família muito unida e presente na infância possivelmente darão um peso maior a ela quando adultas e a levarão em consideração na hora de tomar uma decisão importante. Quem tem segurança no emprego como um dos seus principais valores irá orientar todas as suas decisões e ações com o objetivo de manter sua posição.

Como você pôde notar, os valores são importantes norteadores das nossas ações, nos levam a agir de acordo com o que acreditamos ser certo. Segundo o especialista em liderança Richard Barrett, todos nós temos dez valores mandantes na nossa vida, que variam de uma pessoa para outra e mudam de acordo com o ambiente e o momento que estamos. Barrett é autor da teoria dos sete níveis de consciência, que nos ajuda, por meio da análise dos nossos valores, a entender nossas motivações pessoais.

A seguir elenco os sete níveis de consciência e uma descrição feita por mim a partir da minha interpretação da obra de Barrett.

1. **Sobrevivência:** quando estou focado em ter o suficiente para sobreviver, em não faltar nada. Neste nível, não consigo olhar para ninguém além de mim mesmo. *Valores que representam este nível: saúde, segurança.*

2. **Relacionamento:** quando já não preciso lutar pela sobrevivência e passo a olhar para o outro, querendo cultivar o relacionamento. *Valores que representam este nível: amizade, ser gostado.*

3. **Autoestima:** já me relaciono com os outros e consigo olhar para mim e enxergar que posso ser aceito. Nesse nível é comum existir a comparação. *Valores que representam este nível: recompensa, confiabilidade, competência.*

4. **Transformação:** momento de buscar algo a mais. Estou aberto a aprender novas coisas e me transformar. Tenho como foco me aprimorar como ser humano. É neste nível que saímos dos interesses pessoais em direção aos interesses coletivos. *Valores que representam este nível: trabalho em equipe, crescimento pessoal.*

5. **Coesão interna:** com a transformação pela qual passei, as coisas começam a fazer mais sentido. Meu olhar se volta para dentro, busco me conectar com o que tem

significado. *Valores que representam este nível: integridade, humor, comprometimento.*

6. **Fazer a diferença:** paro de olhar para mim e passo a olhar para o outro. Quero fazer a diferença na vida das pessoas e no mundo. *Valores que representam este nível: liderança, consciência ambiental.*

7. **Serviço:** neste nível, você se doa sem esperar nada em troca e se preocupa com o legado que deixará para aqueles que vierem depois de você. *Valores que representam este nível: compaixão, ética.*[1]

Os 7 níveis de consciência de Richard Barrett

Adaptado de Richard Barrett (2009, p. 67).

---

[1] Se ficou curioso sobre os sete níveis de consciência, o Barrett Values Centre disponibiliza um teste gratuito e em português para avaliar os seus valores, disponível em: https://survey.valuescentre.com/survey.html?id=s1TAE-QUStmwsgpT4 88sRSh4E3lIuZOgB0EGag0Ki1CIOvC8MbC5eSA&locale=pt_BR. Acesso em: novembro de 2022.

Cada um desses níveis está dentro de uma categoria de evolução, começando no físico, passando pelo emocional e o mental, até chegar ao espiritual. Pelos mais diversos motivos, muitos de nós passamos a vida no nível da sobrevivência, sem olhar para o outro ou para o nosso interior. Embora possa parecer que todos os nossos valores devam estar na alma, que só seremos felizes quando estivermos vivendo a serviço dos outros, o ideal é encontrar um equilíbrio, afinal, ainda precisamos garantir a nossa sobrevivência terrena. O fator a que você deve ficar atento é à quantidade de valores com potencial limitante, sobre os quais falaremos mais adiante.

Esteja aberto à transformação. Ninguém chega a um lugar diferente fazendo sempre o mesmo caminho.

FORTE OU FRACO, ALEGRE OU TRISTE

Você já deve ter se deparado, em alguma entrevista de emprego, com a seguinte pergunta: "Quais são seus pontos fortes e fracos?". Essa pergunta é o terror de qualquer candidato. Isso porque não costumamos parar para pensar nas nossas qualidades e nos nossos defeitos – embora façamos isso muito bem quando se trata do outro.

Nossos pontos fortes, que gosto de chamar de "superpoderes", são tudo aquilo que fazemos bem, em que nos destacamos. O meu, por exemplo, é a oratória. Embora aquele friozinho na barriga antes de uma apresentação ainda dê as caras, me sinto em casa no palco e costumo ser elogiado por isso. Nossos pontos fracos, por outro lado, são aquelas atividades que exigem muito do nosso esforço para serem executadas e que mesmo assim não atingem os resultados esperados.

Quando alguém nos aponta nossas fraquezas, é muito comum passarmos a dedicar mais tempo tentando melhorá-las, deixando de lado aquilo em que somos bons – afinal, pensamos, se este é o talento pelo qual já me destaco, não preciso me preocupar. Mas aí está o grande erro. Donald O. Clifton e Marcus Buckingham, autores do livro *Descubra seus pontos fortes*, defendem que devemos apenas administrar os nossos pontos fracos, para que não prejudiquem o nosso desempenho. E, em contrapartida, o que devemos fazer é investir nosso tempo em aprimorar ainda mais aquilo em que já somos bons, pois são os nossos superpoderes que nos farão viver o Eu de forma mais potencializada, atingir resultados extraordinários e contribuir para o mundo.

É impossível sermos bons em tudo. Mesmo se você se dedicar muito àquilo em que não é bom, conseguirá ser, no máximo, mediano.

Existem várias ferramentas – principalmente no universo corporativo – para identificar pontos fortes e fracos, como avaliações 360 graus, análise SWOT, entre outras, mas o que recomendo é mais simples do que isso. Comece lembrando do seu passado, mais especificamente da sua infância. No que você era bom? Quais atividades mais gostava de fazer? A infância é um bom ponto de partida porque, quando somos crianças, não ligamos para o que ganharemos (por exemplo, dinheiro) ao fazer determinada atividade, fazemos porque gostamos e nos sentimos felizes. O segundo passo é a boa e velha conversa com as pessoas que te conhecem bem.

Pensando nisso, sugiro agora um exercício que te ajudará a alcançar mais consciência sobre si mesmo, elencando os diferentes elementos sobre os quais falamos agora (crenças, valores, pontos fortes).

Descreva seus talentos, suas características mais marcantes (seus pontos fortes), características que precisa melhorar (seus pontos fracos) e três valores dos quais não abre mão. Em seguida, compartilhe com no mínimo três pessoas próximas – lembra que falei sobre a importância de compartilhar nos Acordos de Convivência? – e veja se elas estão de acordo com a forma como você se descreveu ou se o veem de maneira diferente.

PONTOS FORTES

1. _____
2. _____
3. _____
4. _____
5. _____

PONTOS FRACOS

1. _____
2. _____
3. _____
4. _____
5. _____

VALORES

1. _____
2. _____
3. _____
4. _____
5. _____

Não pense muito na hora de fazer este exercício, escreva aquilo que primeiro vier à sua cabeça, siga a sua intuição. Essa "intuição" é o seu sistema límbico operando. O sistema límbico está diretamente ligado às nossas emoções e é responsável pelas nossas respostas instantâneas, mais emocionais, como acontece quando nos vemos diante de um perigo e precisamos tomar uma decisão rápida.

Caso precise de ajuda, coloquei a seguir alguns valores que costumam ser os mais comuns. Eles são importantes porque, na maioria das vezes, estão por trás das nossas crenças e dos nossos comportamentos. Barrett lista mais de 60 valores, mas você pode escolher aqueles que considerar mais importantes.

---

adaptabilidade • ambição • amizade • assumir riscos • compaixão • confiança • diálogo • envolvimento comunitário • equilíbrio (trabalho/lazer) • estabilidade financeira • ética • família • fazer a diferença • independência • integridade • poder • realização pessoal • reconhecimento • respeito • saúde • segurança • ser querido • ser o melhor • trabalho em equipe

---

Agora, responda para você mesmo: você gosta da forma como se vê? Concorda com a maneira como os outros o veem? Se não, quem está com a visão distorcida: você ou os outros? O que pode fazer para ajustar essa "lente"? Seus pontos fortes e seus valores serão parte essencial da sua visão de futuro, como você verá mais adiante.

A ESTRADA PARA A REALIZAÇÃO

Agora que você já sabe onde está e o que quer alcançar, chegou o momento de traçarmos a sua visão de futuro e o seu propósito. Como comentei anteriormente, o próximo grande marco da sua vida será descobrir onde você espera estar daqui a alguns anos (visão de futuro) e os meios dos quais irá lançar mão para chegar lá (propósito).

Nos meus treinamentos, costumo usar uma analogia criada pelo meu ex-sócio e grande amigo Marco Fabossi: a visão de futuro é a cidade para onde você deseja ir e o propósito, a estrada que te levará até lá. E, importante dizer, o caminho é todo balizado por seus valores, que chamo de *guard-rails* – são eles que nos mantêm éticos e fiéis ao que acreditamos, ou seja, nos mantêm na estrada. Por isso é imprescindível conhecer os valores que norteiam as suas decisões.

Abri o livro comentando que o meu propósito é trazer abundância para a vida das pessoas; então, é provável que neste momento você esteja se perguntando: "Mas, pela sua definição, essa não seria a sua visão de futuro?". Até poderia ser, mas a visão de futuro é um objetivo prático, concreto. Lembra quando pedi que você indicasse um objetivo que deseja alcançar? Pois bem, esse era o primeiro passo para construir sua visão de futuro. No meu caso é: "Em 10 anos, fazer com que a Metodologia W esteja presente em dez países, trazendo abundância para a vida de mais de um milhão de pessoas". E, enquanto persigo esse objetivo, vou trazendo abundância para a vida daqueles que encontro, o que me deixa mais perto da minha visão.

> **Objetivo (visão de futuro)**
> Em 10 anos, fazer com que a Metodologia W esteja presente em dez países.
>
> **Como? (propósito)**
> Trazendo abundância para a vida das pessoas.

Talvez esse exemplo seja um pouco complexo para quem está se familiarizando com os termos, por isso vou dar outros exemplos para elucidar melhor o tema.

> **Objetivo (visão de futuro)**
> Receber uma proposta para trabalhar fora do Brasil.
>
> **Como? (propósito)**
> Fortalecendo minha rede de contatos e realizando cursos de aprimoramento.

> **Objetivo (visão de futuro)**
> Construir uma relação baseada em amor e confiança com meus filhos.
>
> **Como? (propósito)**
> Criando oportunidades diárias para termos momentos de lazer e de integração.

Muitas pessoas, quando falo de propósito e visão de futuro, dizem não ter ideia de quais são os seus, e algumas chegam a afirmar não ter um. A verdade é que todos temos um propósito e uma visão de futuro, só que, para a maioria, eles não estão claros. Para identificar o seu propósito, você deve encontrar a interseção entre quatro importantes pilares: sua paixão, seus talentos, seus valores e as necessidades do mundo/comunidade. Para Emily Esfahani Smith, o propósito nada mais é do que usar seus talentos para servir o outro. Mas eu faço um adendo a essa definição: servir o outro, mas começando por você mesmo. Sendo assim, precisa ser algo que te faça feliz, com que você se divirta realizando – para não se tornar mais uma entre as tantas tarefas na sua vida. E o mais importante é que seja algo seu, que não esteja, em hipótese alguma, ligado à expectativa dos outros sobre você.

Talvez você tenha claro cada um desses pilares, mas, caso não tenha, abaixo elenco algumas perguntas que, ao serem respondidas, podem ajudar a encontrá-los.

PAIXÃO	TALENTOS
- Você é apaixonado pelo quê? - Existe uma atividade que, quando você desempenha, nem vê o tempo passar? - Em que lugares você se sente em casa? - O que seria fantástico se acontecesse com você?	- Em que você poderia ser melhor no mundo? - Quais são suas principais habilidades e conhecimentos pessoais e profissionais? - O que você sabe fazer e que as pessoas elogiam? - Quais habilidades estão presentes naquilo que você faz de forma excelente?
VALORES	FAZER A DIFERENÇA
- Quais são as coisas mais importantes da sua vida? - Como você gostaria que os outros se lembrassem de você? - O que você gostaria de ensinar ao seu filho?	- Como você pode tornar o mundo um lugar melhor? - O que você sabe fazer que poderia trazer benefícios para a comunidade? - Como você pode ajudar o próximo com seus talentos?

Agora, reflita sobre aquele objetivo que indicou na Introdução do livro, na página 20: você o considera a sua visão de futuro? Ele está amparado no que você tem de melhor? Se sim, é hora de pensar como fará para atingi-lo.

Se não, escolha um novo objetivo a ser alcançado. Não há problema algum em rever seu objetivo. Ao contrário: é bem melhor reconhecer o "erro" e abandoná-lo logo do que passar a vida buscando algo que não reflete seus valores, talentos e paixões e que, portanto, não o fará feliz! O meu propósito aqui é tirar você da sua zona de conforto e provocar a reflexão.

    Chegou a hora de você também registrar e compartilhar o seu propósito com as pessoas a seu redor. Elas podem te ajudar a chegar até ele. Lembra o que aconteceu quando compartilhei meu propósito com o meu amigo? Encontrei um sócio e, juntos, fundamos uma empresa de sucesso. Isso também pode acontecer com você, basta compartilhar!

    Registre a seguir sua visão de futuro, seu propósito e a pessoa com quem irá compartilhar.

Minha visão de futuro é: _____
_____
_____
_____

Meu propósito é: _____
_____
_____
_____

Pessoas com quem compartilhar: _____
_____

Lembra que eu falei na Introdução que muitas empresas adotam a Metodologia W e oferecem treinamentos para seus funcionários? Pois bem, um dos nossos clientes, a WEST 1 – líder em programas de intercâmbio para Austrália, Canadá, Nova Zelândia e Irlanda –, viu sua equipe ficar ainda mais comprometida e engajada após os treinamentos com a Metodologia W, realizados nos escritórios da empresa espalhados pela Austrália. A metodologia levou os funcionários a descobrirem sua visão de futuro e seu propósito – e de que forma eles se conectavam com o trabalho que realizavam. Na opinião do próprio fundador e diretor da companhia, Danilo Lopes:

> "A partir do momento que as pessoas encontraram o seu propósito e enxergaram como ele se encaixava com aquilo que a WEST 1 faz, elas se entregaram ainda mais ao trabalho. Por outro lado, meu time sofreu algumas baixas. Alguns colaboradores, por entenderem que os objetivos da empresa não eram os mesmos que os deles como indivíduos, optaram por buscar aquilo que os faria feliz, que faria seus olhos brilharem. Compreendemos que isso faz parte do amadurecimento da equipe e do objetivo do treinamento. Esta deve ser uma das missões de todos os gestores: ajudar seus liderados a encontrar seu propósito – o que tem potencial de mudar a vida de quem se dispõe a buscá-lo. A Metodologia W também foi crucial para entendermos que a empresa estava em uma nova fase, e definimos, com a orientação do Jonas, nossa missão e nossos valores."

Você também pode traçar o propósito e a visão de futuro da sua empresa. O processo é o mesmo. Pense no objetivo que pretende alcançar dentro de um determinado prazo (visão de futuro) e como fará isso (propósito). Vamos supor que você espera que sua empresa abra filiais em outros estados do Brasil nos próximos 10 anos, ampliando, assim, seu mercado. Essa é a visão de futuro do seu negócio. O propósito é a maneira como isso será feito. Você pode, por exemplo, num primeiro momento, firmar parceria com outras empresas da região para oferecer seus produtos e serviços e, dessa forma, tornar a empresa conhecida nesses estados onde pretende atuar. Com sua marca mais amplamente consolidada e reconhecida, fica mais seguro planejar a abertura de uma filial.

"A VIDA COMEÇA QUANDO TERMINA A SUA ZONA DE CONFORTO"

A frase acima, do escritor Neale Donald Walsch, resume bem o que vamos abordar aqui. Enquanto estiver na zona de conforto, você só verá a vida passar. A vida, os aprendizados estão fora do tempo/espaço em que nos sentimos seguros. Quer um exemplo?

Vamos voltar à sua infância. Quando você aprendeu a andar de bicicleta, estava confortável ou desconfortável? Posso garantir que estava desconfortável. Você tinha medo de cair, de se machucar, de nunca aprender a andar de bicicleta. Muitas vezes pensou em desistir. Mas você insistiu, e tenho certeza de que ainda hoje, mesmo que não pratique, ainda sabe andar de bicicleta. O dito popular "É como andar de bicicleta" não é tão repetido à toa. Só que isso acontece apenas porque andar de bicicleta se tornou algo confortável. Vamos percorrer um pouco mais a sua vida: você dirige? Quando começou na autoescola, foi fácil ou difícil? Você ficou confortável ou desconfortável?

Digo isso para mostrar que o desconforto à frente de qualquer atividade nova é normal. Estranho seria se você não se sentisse assim. Nosso cérebro não adota um novo hábito da noite para o dia, nem de forma "orgânica"; é preciso uma participação ativa do indivíduo. Segundo a autora Debbie Hampton, "quando você tenta adotar um novo comportamento pela primeira vez, é preciso alistar seu córtex pré-frontal, o cérebro pensante, e inserir o esforço consciente, a intenção e o pensamento no processo. Quando você já executou a nova rotina o suficiente para que as conexões sejam feitas e fortalecidas em seu cérebro, o comportamento exigirá menos esforço, pois se torna padrão".[2] Ou seja, mudar de hábito é um processo que exige empenho e paciência para atingir os resultados esperados.

---

2 https://thebestbrainpossible.com/the-neuroscience-of-changing-your-behavior/#google_vignette. Acesso em: dezembro de 2022.

"Motivação é o que faz você começar. Hábito é o que te mantém fazendo."

JIM ROHN

Na Introdução, eu comentei que uma das minhas maiores realizações pessoais foi ter corrido uma meia maratona. E essa informação pode surpreender muita gente que me conheceu no passado, já que eu nunca fui de correr. Decidi que deveria começar a praticar corrida por conta dos benefícios físicos e mentais, mas não foi fácil. Você pode não acreditar, mas eu ia literalmente chorando. Os primeiros 90 dias foram de intenso sofrimento; eu me perguntava por que tinha saído da cama naquele horário, por que o meu corpo inteiro doía e assim por diante. Mas eu não desisti. Passados 180 dias, a corrida se tornou um prazer e, hoje, se fico um dia sem correr, parece que meu dia não foi completo. Hoje posso dizer que desenvolvi, com sucesso, o hábito de correr.

Vários estudos abordam o tempo que leva para uma mudança de comportamento se concretizar, virando um novo hábito. Eu particularmente acredito que esse tempo é diferente para cada indivíduo, afinal, somos únicos. O importante é não desistir, dando o tempo necessário para que a "mágica" aconteça.

Para expandir sua zona de conforto, é necessário paciência – e também respiração. Respire fundo diante de uma situação potencialmente desestabilizadora; dê tempo ao seu cérebro. Não é por acaso que uma das dimensões da Metodologia W é a resiliência, que será abordada na Parte 4. Lá, falaremos mais sobre as estratégias para que você não desista durante esse período de adaptação. Mas tudo a seu tempo...

Fora da nossa zona de conforto, existe o medo, que nos paralisa diante de novos desafios. E o medo é a próxima dimensão da Metodologia W.

O problema não é a zona de conforto, e sim quanto tempo você passa nela.

Eu: Seja você. Pense por você. Faça por você.

Parabéns por ter concluído a dimensão **Eu**! Tenho certeza de que agora você se conhece melhor e começou a encher sua mochila com ferramentas para seguir em busca de seus objetivos.

Parte 2

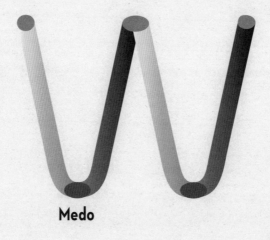

Medo

Eu: Seja você. Pense por você. Faça por você.

Medo: Por que você ainda não é quem quer ser

Preciso fazer uma confissão: eu tenho medo!

O medo, mais do que normal, é necessário para a nossa vida. Se ele não existisse, a espécie humana não teria chegado até aqui. Nossos antepassados teriam sido mortos pelos predadores. Se não tivéssemos medo, nos colocaríamos em risco a todo momento. Medo tem a ver com preservação. Por isso, a primeira lição aqui é esta: pare de demonizar o medo!

Mas é importante frisar que o medo, quando em excesso, pode nos paralisar, fazendo com que não sejamos capazes de perseguir nenhum dos nossos objetivos. Será então que as pessoas de sucesso, aquelas que conseguem o que querem, não têm medo? Não! Todo mundo que eu conheço tem medo, mesmo quem parece ser um exemplo de autoconfiança e coragem. O diferencial dessas pessoas é que elas estão 100% conscientes de quais são os seus medos e dos impactos negativos que eles podem ter sobre elas. *Podem ter*, perceba. Porque, justamente por terem consciência, elas buscam formas de lidar com essa emoção, a fim de minimizar possíveis consequências nocivas. São elas que controlam o medo, e não o medo que as controla.

Mas o mais interessante é que, além de controlar o medo, elas conseguem torná- lo um impulsionador, algo que as deixa mais próximas de sua visão de futuro. Como elas fazem isso?

Vou me usar como exemplo. Já comentei que falar em público é o meu grande superpoder, mas a verdade é que, embora, eu tenha consciência de que faço isso bem, toda vez que subo em um palco, sinto medo. Minhas pernas tremem, eu suo frio, meu coração dispara, minha boca fica seca, me sinto angustiado. Só que quem me vê no palco hoje dificilmente nota isso. O motivo? Como sei que esse medo pode fazer com que eu trave, que eu esqueça coisas importantes que gostaria de dizer, ou até mesmo que eu me atropele, falando rápido demais, sempre me preparo muito bem antes de qualquer apresentação, seja uma palestra para 2 mil pessoas, seja uma reunião de trabalho com cinco. Eu estudo o que vou falar e medito antes de começar. Dessa forma, me sentindo mais preparado e seguro, assumo o controle e amenizo os efeitos negativos desse medo, me deixando mais perto de atingir resultados extraordinários. É aquela velha frase: "E se der medo? Vai com medo mesmo!", mas se prepare antes.

Como a Metodologia W é feita de altos e baixos – o que chamo de *flow* –, o medo pode ser considerado a primeira baixa da nossa jornada. Quando definimos um objetivo, estamos no auge, mas logo vários questionamentos começam a surgir na nossa mente: "Será que vai dar certo?", "Será que eu tenho mesmo capacidade para isso?", "Mas e se acontecer isso ou aquilo?", "Não é melhor desistir antes mesmo de começar?". E essas dúvidas nos jogam para baixo, nos levando a duvidar de nós mesmo e da nossa capacidade. Por isso é tão relevante falar sobre o medo.

Nosso cérebro, além de tentar nos proteger a todo momento, nos levando de volta para a nossa zona de conforto, tem outra peculiaridade: ele costuma dar mais foco nos acontecimentos negativos do que nos positivos. De acordo com o neurocientista Pedro Calabrez, é cientificamente comprovado que a mente humana é mais voltada para o lado negativo do que para o positivo.[1] Para que isso não aconteça e não sejamos consumidos pelas ideias pessimistas, Calabrez ressalta que precisamos exercitar o lado otimista dos pensamentos, da mesma maneira que fazemos com os músculos do nosso corpo.

---

1 https://cbn.globoradio.globo.com/media/audio/105767/talento-sem-esforco-
-e-potencial- desperdicado.htm. Acesso em: dezembro de 2022.

Nesta dimensão, quero levar você a, além de identificar seus medos, entender a origem deles e – o mais importante – a se conectar com eles e acolhê-los, para que sua jornada seja menos tortuosa e mais leve a partir de agora.

Para começar, quero propor uma reflexão: você consegue determinar qual o maior medo que tem na vida? Sabe indicar o gatilho, ou seja, aquilo que dispara essa emoção?

> Qual é o seu maior medo?
> _____
> _____
> _____
>
> Quais eventos e/ou situações disparam esse medo, o chamado gatilho?
> _____
> _____
> _____

Não é fácil falar de medo, mas não deixe que o seu cérebro te leve de volta para a sua zona de conforto. Essa atividade vai te ajudar a se enxergar de fora. Quando somos capazes de identificar o gatilho, ganhamos consciência. Assim, quando nos encontrarmos diante de uma situação que pode disparar essa emoção, teremos mais facilidade para perceber e controlar o medo. Como gosto de dizer, ter consciência é ter poder.

DEIXE PARA TRÁS O QUE TE IMPEDE DE IR ADIANTE

Falar sobre medo é algo que nos tira da nossa zona de conforto. Ninguém se sente à vontade expondo seus medos para os outros – às vezes temos dificuldade de assumi-los até para nós mesmos. Temos tendência a achar que ele é sinônimo de fraqueza, que nos torna pessoas "menores" que as outras.

Precisamos ter consciência de que o medo é resultado de alguns fatores da nossa vida, como valores, crenças e experiências passadas. Podemos ter medo de algo simplesmente porque já vivemos uma situação parecida e ela não terminou da maneira como queríamos, ou seja, no nosso entender, ela "deu errado", e passamos a acreditar que esse resultado sempre se repetirá. Também podemos ter medo por estar diante de um desafio desconhecido ou porque aquela situação vai contra uma das crenças ou dos valores que nos foram passados ou que criamos durante a nossa vida.

Este é um bom momento, aliás, para nos aprofundar um pouco mais nos sete níveis de consciência, de Richard Barrett, que abordamos na Parte 1. Se não lembra direito, tudo bem. A nossa atenção às vezes vai e volta, mas é importante que você pratique o *mindful reading*, ou leitura consciente. Por isso, sugiro que volte à página 37 antes de avançar.

O medo está mais presente nos três primeiros níveis abordados por Barrett: sobrevivência, relacionamento e autoestima. Quando somos regidos por valores desses níveis, temos uma tendência maior a sentir medo.

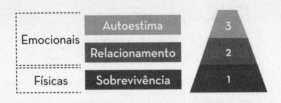

No nível **sobrevivência**, temos tanta preocupação com garantir nossa saúde e nosso sustento que temos medo de nos expressar, principalmente se o que pensamos for diferente do que o outro pensa. Por conta do medo, dificilmente fazemos algo para mudar uma situação com a qual não concordamos – e, consequentemente, deixamos de agir com autenticidade.

No nível **relacionamento**, temos medo de não sermos amados, de não sermos aceitos, por isso evitamos decisões que possam ser impopulares – mesmo que seja a coisa certa a fazer – e nos preocupamos muito com a opinião dos outros.

No nível **autoestima**, não temos clareza de quem somos, vivemos à base de comparação, com a tendência a nos sentir inferiores aos outros.

Vamos pensar juntos. Imagine que você seja uma pessoa cautelosa, isto é, que gosta de pensar muito – ou pedir a opinião de muita gente – antes de tomar uma decisão ou dar um passo. Embora agir com cautela seja fazer as coisas sem pressa e com cuidado e atenção, a fim de minimizar riscos, esse valor – que pertence ao nível sobrevivência na escala criada por Barrett – pode comprometer a sua capacidade de ter novas ideias e assumir responsabilidades. Você fica tão preso ao que lhe parece seguro que nem sequer percebe oportunidades que estão a um palmo de distância e o aproximariam de seus planos maiores. O mesmo vale para o valor recompensa – que pode ser tanto material quanto reconhecimento e pertence ao nível autoestima –, que pode impedir você de enxergar os benefícios de trabalhar em prol dos outros, sem um ganho palpável para você. Por isso, fique atento aos seus valores, pois alguns deles podem ter potencial limitante. Isso não quer dizer que você deva abrir mão desse valor; o que você deve fazer é analisar como ele impacta a sua vida e as suas decisões, para que faça um bom uso dele. E, quando digo que alguns valores *podem* ter um potencial limitante, quero dizer que eles não necessariamente o terão. Se você souber tirar o melhor proveito deles, "bloqueando" seu lado negativo, eles podem te levar longe. O valor cautela, por exemplo, pode ser bom em alguns momentos, como quando você está começando um trabalho novo. Nesse caso, a cautela auxilia a análise do ambiente antes de tomar qualquer decisão.

Deve-se, no entanto, ter claro (olha a consciência de novo aí!) se aquele valor é mesmo seu e se está sendo utilizado da forma correta na condução de suas escolhas. Lembrando que os valores são direcionadores de comportamento, os guard-rails da nossa estrada.

Além disso, entendendo que o ambiente muda o tempo todo, ainda mais nos dias de hoje, muitos valores que eram potencializadores no passado já não servem mais no presente. Não precisamos ir muito longe: pense nos valores que você teve de rever ou questionar durante a pandemia de covid-19. Aposto que foram muitos e todos eles eram até então relevantes.

Se ficar em dúvida se quer ou não manter determinado valor, pergunte-se: eu gostaria que meu filho herdasse esse valor de mim? Se a resposta for não, chegou a hora de abrir mão dele. Se seu emprego dependesse de você tomar uma atitude contrária a esse valor, você se demitiria ou permaneceria? Se escolher permanecer, significa que esse valor não é tão importante para você e que pode abrir mão dele. Coloque sempre na balança, avalie até que ponto esse valor é realmente importante ou apenas uma convenção, algo da boca para fora.

> Se você não tiver tido a curiosidade de descobrir em que níveis estão seus valores usando a avaliação do Barrett Values Centre, vou pedir que reserve um tempo para fazer isso agora. Você encontra o link para o teste na página 42. Depois de recebido o resultado, peço que analise o que foi observado e responda: você possui algum valor com potencial limitante? Você relacionaria esse valor a algum grande medo seu? Há algum comportamento que pode estar impedindo o seu avanço? Veja o exemplo abaixo antes de responder:

Valor com potencial limitante: Cautela

Medo: Tomar uma decisão errada/Medo de errar

Comportamento: não me arriscar e permanecer na minha zona de conforto

Valor com potencial limitante: _____

Medo: _____

Comportamento: _____

O medo é uma dor passada projetada no futuro.

ME DIGAS NO QUE CRÊS E TE DIREI ONDE CHEGARÁS

Durante grande parte da minha vida, vivi com base em crenças que não eram minhas, mas eu não tinha consciência disso. Meu pai, por exemplo, me ensinou que, para ser bem-sucedido, era preciso ser o primeiro a chegar e o último a sair da empresa, ou seja, precisava estar sempre presente e trabalhando por mais horas do que o normal. Para ele, essa crença trouxe resultados, afinal, ele chegou aonde queria e, por isso, acreditava que os filhos deveriam seguir o mesmo caminho.

Como fui criado ouvindo meu pai falar isso e vendo-o agir dessa forma, incorporei essa crença à minha vida e, durante muitos anos, repeti esse comportamento. Afinal, meu pai é, para mim, uma referência como profissional e ser humano. Mas, diferentemente do meu pai, eu não era feliz vivendo assim. Com o tempo, e muita reflexão, percebi que essa crença, embora tenha me ajudado em alguns momentos da minha vida – alcancei cargos de alta liderança em organizações em parte por causa dela –, não me saciava, não era minha, e que a repetia simplesmente como uma maneira de provar ao meu pai que eu podia ser bom, de ter a aprovação dele. Devolver essa crença para ele, algo que fiz com uma conversa franca, foi libertador. Eu só cheguei ao resultado extraordinário na minha vida quando consegui me livrar dela e de tantas outras crenças que me impediam de crescer, que não estavam conectadas a quem eu era de verdade. Hoje penso muito nisso em relação aos meus filhos: será que estou impondo minhas crenças a eles?

Por trás das nossas crenças estão nossos valores, que norteiam as nossas decisões. As nossas crenças podem ser potencializadoras, ajudando-nos a atingir um objetivo – como aconteceu com o meu pai –, ou limitantes, como foram para mim a partir de um determinado momento. Veja que a mesma crença teve resultados diferentes para nós dois, o que reforça a ideia de que nem todas as crenças servem para você, mesmo aquelas transmitidas com as melhores intenções por seus antepassados.

Uma das minhas mentoradas, a engenheira Alessandra Mori, sempre teve muita dificuldade em se relacionar de forma saudável com o dinheiro. Por mais que ganhasse relativamente bem, estava sempre endividada e chegou a ter seu nome incluído no cadastro nacional de devedores. Ao longo da nossa mentoria, Alessandra se aprofundou em suas crenças limitantes e descobriu que a sua relação ruim com o dinheiro era fruto dos ensinamentos que recebeu de sua família quando criança.

"Além de ser de uma geração que não teve educação financeira em casa, desde pequena eu ouvia, por exemplo, que o dinheiro era sujo. Isso ajudou a moldar a minha relação com o dinheiro. Mas a Metodologia W me fez romper com essa 'crença familiar' e me levou a deixar de viver em função do medo de um dia não ter o suficiente para viver e assumindo uma postura mais ativa e focada nos meus pontos fortes, que são a autodeterminação e a minha capacidade de desenvolver novos hábitos. Eu me convenci de que quanto mais eu fizesse mais eu teria e as coisas começaram a fluir: eu saí de uma dívida de três dígitos e até virei investidora – e isso em oito meses."

Alessandra tinha crenças que são comuns a muitos de nós: "É preciso sempre ter boletos para pagar", "Tenho medo de não ter o suficiente para viver" e "Tenho medo de faltar". Ela conseguiu substituir suas crenças limitantes por outras potencializadoras: "Quanto mais eu fizer, mais terei", "Enquanto eu continuar fazendo, nada pode parar". Com suas novas crenças, Alessandra conseguiu sair de uma dívida de três dígitos e se tornar, veja só, uma investidora. Como é uma pessoa focada e que tem facilidade para desenvolver novos hábitos, conseguiu atingir esse objetivo em apenas oito meses. Mas o tempo varia de uma pessoa para outra. Ela costuma dizer que não adianta ter crença sem ter atitude. Atitude e acompanhamento do seu "mentor" serão essenciais na sua quebra de crenças.

Vale ressaltar que não são apenas os indivíduos que são impactados pelas crenças limitantes; empresas também podem estar presas a modelos que impedem seu crescimento. Por exemplo, uma empresa pode ter uma mentalidade de que deve se manter sempre no mesmo campo de atuação, ater-se a um ambiente conhecido. Essa mentalidade a impede de aprimorar tanto os serviços oferecidos quanto sua carteira de clientes, atitudes que poderiam trazer para a empresa uma expansão de negócio e faturamento. Em casos mais extremos, uma eventual falta de atualização pode, inclusive, levar a empresa a uma situação bastante delicada.

Para deixar de ouvir o outro, a gente tem que primeiro aprender a se ouvir.

Você precisa compreender que nenhuma crença é uma verdade absoluta e que tem o poder de questioná-las e de abrir mão daquelas que não se encaixam no que você acredita. Além de herdadas, nossas crenças também podem vir de experiências passadas. Ou seja, quando você colocou algo em prática uma, duas, três vezes e deu certo, você acaba criando a crença de que, sempre que agir daquela maneira, vai ter o mesmo resultado. É um círculo vicioso, já que o resultado reforçará a ideia de que a crença está certa. Esse processo também é conhecido como "modelo mental", conceito trazido por Peter M. Senge em seu famoso livro *A quinta disciplina*.

O modelo mental é um conjunto de crenças que fazem com que você tenha um determinado comportamento que dá resultados. Ele funciona da seguinte maneira: você tem uma crença, essa crença se reflete em determinado comportamento, esse comportamento, por sua vez, gera o resultado esperado. Ao atingir o resultado esperado, você tem a "confirmação" de que sua crença inicial está correta, o que o leva a repeti-la outras vezes. Mesmo que essa crença não seja boa para você.

Os modelos mentais são o que chamo de "profecia autorrealizável", ou seja, eu acredito tanto em algo que faço tudo para ele se tornar real, a fim de reforçar a minha crença.

Quer um exemplo? Você acredita que, para que um trabalho fique bom, você mesmo precisa fazer (crença), por esse motivo não delega a tarefa para ninguém (comportamento) e, ao final, recebe elogios pelo trabalho realizado (resultado), reforçando a crença de que só você consegue fazer um trabalho bem-feito.

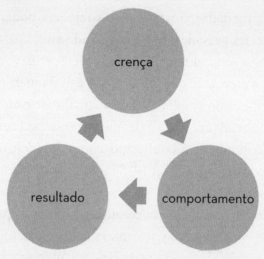

Só que pode chegar um momento em que você vai perceber que, embora tenha funcionado naquele momento, essa crença não se aplica mais. Você sente que possui alguma crença, reproduz algum comportamento que não te representa? As pessoas costumam dizer que você se comporta de forma muito parecida com a sua mãe ou o seu pai? Se sim, você gosta desse traço de personalidade que herdou deles? Se a resposta foi afirmativa, ótimo. Essa é uma característica sua. Agora, se acha que se mantém assim porque tem que honrar seu pai ou sua mãe, talvez seja a hora de rever certas condutas.

É normal as nossas crenças mudarem ao longo da vida, principalmente porque estamos em um mundo em constante mudança e precisamos acompanhá-lo. Como disse Jack Welsh: "Se a quantidade de mudança do lado de fora excede a de mudanças do lado de dentro, o fim está próximo".

Vou propor aqui uma reflexão rápida para que tente identificar a origem das suas crenças e comportamentos. Ressaltando que a ideia não é culpar ninguém – nem você mesmo – por qualquer coisa que não esteja indo bem na sua vida. O intuito é identificar de onde vem essa crença, para que, caso não se identifique mais com ela, possa devolvê-la a quem a inculcou em você.

> Lembra da lista de crenças que você fez na Parte 1? Quero que selecione duas delas e analise o motivo de elas não serem mais importantes para você e como pode deixá-las para trás a partir de agora.
>
> **CRENÇA:** _____
> _____
>
> **De quem você herdou?**
> _____
> _____
> _____
> _____
>
> **Por que ela não é mais relevante para você?**
> _____
> _____
> _____
> _____

Quais pequenas atitudes você pode tomar diariamente para mudar a maneira como age?
_____
_____
_____
_____

CRENÇA: _____
_____

De quem você herdou?
_____
_____
_____
_____

Por que ela não é mais relevante para você?
_____
_____
_____
_____

Quais pequenas atitudes você pode tomar diariamente para mudar a maneira como age?
_____
_____
_____
_____

Conhecer as crenças pode te levar a um resultado extraordinário: você pode tomar consciência e deixar no passado o que aconteceu.

Quando passamos a vida buscando a aprovação do outro, como eu fiz, acabamos não vivendo de forma autêntica. Ao tentarmos nos encaixar nas expectativas dos outros, podemos acabar anulando nossos maiores talentos. Mas só conseguiremos nos libertar da "régua" alheia quando estivermos preparados para encarar as críticas e absorver apenas aquilo que é útil para a nossa evolução. As críticas fazem parte do aprendizado – e são sinal de que você está mudando. De que está sendo mais você.

Por isso, se decidir se afastar das crenças que elencou no exercício anterior, tenha em mente que muitas pessoas irão criticá-lo – até mesmo aquelas mais próximas. Isso é normal. Elas vão precisar de tempo para se acostumar com o novo você. E você, de resiliência.

VULNERABILIDADE: A CHAVE PARA LIDAR COM O MEDO

Como falei anteriormente, todos nós temos medo, e nossa tendência é brigar com ele. Mas o grande problema do medo não é senti-lo, e sim a energia que gastamos para vivê-lo ou para lidar com ele. Energia que você poderia estar empregando em outras ações que o levariam adiante na busca por seus objetivos.

O essencial é que você aprenda a lidar com o seu medo, torne-se amigo dele. Lembra que eu comentei que, como sei do meu medo de falar em público, me preparo para lidar com ele? É isso que considero fazer amizade com o meu medo, é entender que ele existe, é saber reconhecer quando ele está chegando e desenvolver estratégias para lidar com ele. Eu, por exemplo, fui aprender a lidar com meus medos ainda na adolescência. O meu pavor de falar em público, de ler um texto em voz alta na frente de toda a classe, me levou a procurar um curso de teatro, para aprender a mitigar os efeitos negativos do meu medo.

Outro fator muito importante quando tratamos do nosso medo é mostrar nossa vulnerabilidade para aqueles que nos cercam. Sei que, na maioria do tempo, queremos parecer fortes para nossos parceiros, para os nossos subordinados, mas a vulnerabilidade é um passo para lidar com nossos medos. Mostrar nossa vulnerabilidade é reconhecer que não temos superpoderes, que somos humanos. Não esconda seus medos.

> Temos uma grande meta aqui: alcançar o seu objetivo, chegar à sua visão de futuro. Para isso, você deve usar seus valores e suas crenças a seu favor, tirando do caminho aqueles que podem te prejudicar.
>
> Agora que você já identificou as crenças que podem estar atrapalhando a sua evolução e se comprometeu a mudá-las, responda a você mesmo: alguma delas poderia se tornar um medo paralisante? Quero que, pensando no objetivo que você definiu na Parte 1, analise os medos que possam impedir que você chegue até ele.
>
> Objetivo:
> _____
>
> Eu tenho medo que:
> _____
> _____
> _____

Que crenças podem estar por trás desses medos?

_____

_____

Agora sugiro que você retorne ao capítulo no qual falo sobre os níveis de consciência e tente identificar a que nível seus medos podem estar relacionados.

Vamos pensar, por exemplo, que o seu objetivo seja morar no exterior em até dois anos. Quais medos você poderia ter ao perseguir esse objetivo? Podemos citar alguns, como medo de não se adaptar à nova cultura, de não fazer novas amizades, de não conseguir um emprego para se manter, entre outros.

Uma crença que poderia estar por trás desses medos é a de não ser sociável o bastante. Ao analisarmos esses medos e essas crenças levando em consideração os níveis de consciências, podemos relacioná-los aos níveis sobrevivência (medo de não ter o suficiente), relacionamento (não fazer novas amizades) e autoestima (não se adaptar a uma cultura diferente da sua).

Trazer nossos medos para a consciência, acolhendo-os e aprendendo a conviver com eles, nos prepara para as dificuldades que poderemos enfrentar no caminho. Reforçaremos o conceito de consciência como um instrumento de fortalecimento individual e propulsor dos nossos objetivos na próxima dimensão da Metodologia W.

É preciso se
conectar com
sua dor para
mudar um hábito.
Seja grato
e perdoe
(e perdoe-se)
para seguir
adiante.

Parabéns por ter conseguido olhar para os seus medos sem se deixar paralisar por eles. Esse foi, com certeza, um grande passo. Você vai ver que, conhecendo seus medos e desenvolvendo estratégias para lidar melhor com eles, você chegará mais longe. Não esqueça de celebrar essa conquista!

Parte 3

Consciência

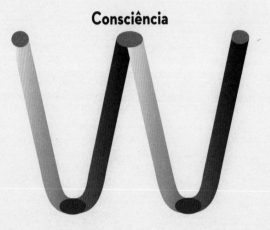

Consciência:
Seu novo eu

Eu não poderia começar esta dimensão de outra forma que não dizendo: ter consciência é ter poder! Essa é uma frase que repito em todos os meus treinamentos e palestras, porque eu verdadeiramente acredito que, quando temos consciência do que acontece conosco e à nossa volta, somos capazes de dirigir nossa vida da maneira como queremos.

Até aqui você já conquistou a consciência de aonde quer chegar, dos seus superpoderes, dos seus valores e das suas crenças – potencializadores e limitantes – e dos medos que podem atrapalhá-lo na conquista de seus objetivos. Mas não adianta nada ter consciência de tudo isso e não saber o que fazer com essa informação. Por isso, vou me dedicar, neste capítulo, a falar sobre como ressignificar crenças e traçar metas até a visão de futuro. Com essas ferramentas, você será capaz de mudar seu comportamento, passando a ter atitudes mais condizentes com a pessoa que é – sem se moldar ao que os outros esperam de você – e a que quer ser.

Quando falo de consciência, sempre me vem à mente uma pessoa muito importante na minha caminhada em direção ao autoconhecimento e ao aprimoramento pessoal: meu tio Zezito Duarte. Ele foi a primeira pessoa disruptiva que conheci, antes mesmo de essa palavra virar moda. Engenheiro civil de formação e pós-graduado em administração, Zezito se tornou, ainda muito jovem, um profissional respeitado e muito requisitado, trabalhando em obras por todo o Brasil. Porém, com pouco mais de 30 anos, abriu mão daquilo que muitas pessoas consideram uma realização pessoal e profissional para viver uma vida com propósito, que, para ele, é se conectar com a natureza e impactar positivamente o ambiente e as pessoas, carregando consigo sempre um valor: a liberdade. Pude assistir à sua transformação ao mesmo tempo que eu crescia, me tornava adolescente. Conforme ia amadurecendo, comecei a entender o que meu tio buscava e, por meio do exemplo, aprendi que valia a pena seguir um propósito para encontrar a felicidade. Ele enfrentou vários obstáculos ao longo do caminho, mas isso só o tornou ainda mais forte e mais convicto daquilo que buscava. Ao longo da minha vida, ouvi histórias que me inspiraram e me inspiram a viver de forma verdadeira. Sempre que preciso de um conselho, é a ele que recorro, e tenho o privilégio de receber sua sabedoria, seja por meio de uma frase ou de uma história que me faz refletir. Foi por influência dele – e da minha mãe – que decidi estudar o comportamento humano, base dos meus treinamentos.

Digo que meu tio é uma referência de consciência porque ele nunca precisou descobrir ou mesmo fazer algum esforço para se conectar com seu propósito. Ele soube como conduzir seu caminho até ter a oportunidade de viver sua visão de futuro. Zezito hoje é xamã, conhecedor profundo da cura ancestral indígena. Para chegar aonde chegou, precisou, como todos que decidem operar mudanças em sua vida, abdicar de alguns comportamentos e enfrentar a desaprovação de pessoas próximas – incluindo a própria família, que não entendeu sua decisão de se mudar para viver em um lugar com pouca infraestrutura. Conta ele:

"Na época em que me mudei para a Chapada Diamantina, minha família achou que eu era louco. No nascimento do meu filho, meus pais foram me visitar. E, como não havia eletricidade, era preciso esquentar a água para o banho. Meu pai não conseguia entender como um filho com pós-graduação podia ter escolhido morar num lugar em que era preciso acender o fogo para tomar banho quente. Eu olhei pra ele e falei que era melhor ele ir embora. Senti que meu pai estava tenso, que estar ali não estava fazendo bem pra ele."

Mas se engana quem pensa que tudo foi planejado. Para ele, "objetivos não podem ser criados de fora para dentro.

Todas as construções partem do coração. Você só precisa enxergar os sinais que a vida te dá. O nosso caminho é guiado pelo coração". E foi assim que ele enxergou "as mortes que teve em vida" como sinais de que seu caminho era outro:

> "Eu passei por três experiências que me fizeram perceber que eu precisava mudar. O primeiro acidente ocorreu quando eu estava em um elevador para materiais em uma obra. O elevador despencou em queda livre de uma altura de mais de 20 andares. Vi toda a minha vida passar diante dos meus olhos. Sonhei muito com esse acidente, como se me mostrasse que era um sinal para eu sair da vida que estava levando. Quatro anos depois, sofri outro acidente. Estava na minha moto, entrando na Avenida Paulista, em São Paulo, quando quase fui atingido por um caminhão. Voei a mais de 100 quilômetros por hora e fui parar embaixo de um carro. Estava sem capacete. Novamente minha vida passou diante dos meus olhos. Esse segundo acidente me fez mudar meu modo de viver: deixei de lado o trabalho formal, me tornei freelancer e me permiti viver num novo ritmo. Esse novo estilo de vida me levou a começar a mergulhar, e eu até fotografava no fundo do mar – vendi algumas fotos para revistas americanas. E em um desses mergulhos eu apaguei. Aquele foi um momento decisivo na minha vida. Foi a partir dali que mudei a maneira como vivia e passei a ter uma vida alternativa."

Algumas histórias de meu tio são bem ilustrativas do que quero transmitir neste capítulo e, por isso, as tomei emprestadas. Muitas vezes, nossa vida está tão automática que encaramos os acontecimentos de forma isolada, como um infortúnio, e não como interrogações sobre as nossas escolhas. O medo de errar e, principalmente, o medo de mudar nos dominam, nos bloqueiam. Mas, como eu já disse aqui, se continuarmos a agir como sempre, não chegaremos a lugar algum e, o que é pior, só nos distanciaremos do nosso propósito.

RESSIGNIFIQUE-SE

Vimos no capítulo anterior que modelos mentais limitantes ocorrem quando temos uma crença e agimos de forma que o resultado de uma ação funcione como um reforço dessa crença. Ou seja, eu faço sempre a mesma coisa, tenho o mesmo resultado e acredito que minha crença está correta porque cheguei ao resultado que esperava/queria.

O primeiro passo para ressignificar uma crença é analisá-la e determinar o que precisa ser mudado. Vamos supor, por exemplo, que a minha visão de futuro seja transformar a vida das pessoas por meio da comunicação. Só que eu tenho a crença de que, se eu errar, serei julgado, por isso evito me expor, o que pode atrapalhar a minha visão de futuro. Eu dificilmente vou chegar até ela.

Eu preciso ressignificar essa crença. Tenho que passar a enxergar o erro como uma oportunidade de crescimento. Minha nova crença terá que ser: eu preciso me expor, a exposição pode me fazer errar, mas esse erro vai me levar a aprendizados que eu não teria se não me expusesse. Só que não vou acreditar nisso de uma hora para a outra, afinal, essa nova crença é completamente oposta àquela que eu tinha antes. Por isso, vou ter, a todo momento, que comunicar meu cérebro.

Um exemplo de modelo mental limitante que costumo dar e que é muito simples de compreender é aquele chefe que não delega nenhuma atividade "crítica" porque considera que só ele é capaz de fazer algo bem-feito. Ele não delega, realiza a atividade e obtém o resultado esperado; como atingiu o resultado, entende que não pode delegar, que, se fizer isso, o resultado não será tão bom.

Só que a visão de futuro dele é se tornar um chefe que desenvolve seu time. O que aconteceria se ele começasse a delegar cada vez mais tarefas? Talvez não reclamasse mais que está sobrecarregado, sem tempo de pensar na estratégia – que, no fundo, é sua principal atribuição como líder –, e, o que poderia ser ainda melhor, descobriria talentos na equipe, que poderia ter mais autonomia e mostrar que, além de não ter um único jeito de resolver as coisas, o resultado pode ser até melhor do que ele alcançou até aqui individualmente. Ele corre o risco de essa estratégia não dar certo, mas também estaria se abrindo para desenvolver e engajar as pessoas e estabelecer relações de confiança. Fora que, como gosta de lembrar Zezito: "na escola da vida não tem férias; são 24 horas de aprendizado. E só você tem o poder de mudar alguma coisa. Ninguém mais. Quando você muda, a sua vida muda também. Não espere que os outros façam isso por você".

ENGANE-SE: O ANTÍDOTO CONTRA SUAS CRENÇAS LIMITANTES

Na Parte 2, você elencou algumas crenças que poderiam estar por trás dos medos que sente. Agora, quero que as retome e reflita se resultam em um comportamento limitante. Se a resposta for sim, vamos pensar em antídotos. (Se a resposta for não, pare alguns minutos para listar esses comportamentos.)

Esses antídotos funcionarão como modelos mentais potencializadores a partir de agora.

CRENÇA LIMITANTE
1. Eu acredito que as coisas só ficam bem-feitas quando eu faço.
2. Eu acredito que, se errar, serei julgado.
3. _____
_____
_____
4. _____
_____
_____
5. _____
_____
_____

NOVA CRENÇA - POTENCIALIZADORA

1. Eu acredito que existem pessoas tão boas ou melhores do que eu nessa tarefa e que, ao delegar, estarei construindo uma relação de confiança.
2. Eu acredito que o erro é uma forma de aprendizado e que só erra quem faz.
3. _____
4. _____
5. _____

Para chegar a essa nova crença potencializadora, quais comportamentos você precisará ter?

1. Aos poucos, passar a deixar mais tarefas para os meus subordinados. No início, acompanhando de perto, depois, deixando-os mais livres.
2. Aos poucos, passar a realizar tarefas novas, que podem me levar ao erro, assim vou conseguir entender que errar não é o "fim do mundo".
3. _____

4. _____
_____
_____

5. _____
_____
_____

Quais resultados você espera alcançar com esses novos comportamentos?

1. Ter mais tempo para me dedicar a outras atividades do trabalho.
2. Perceber que errar é uma parte importante da vida e que devemos aprender com nossos erros. Ficar mais resistente ao erro, à exposição decorrente dele e julgar menos os outros também.
3. _____
_____

4. _____
_____

5. _____
_____
_____

"Ter consciência é perceber a que se está apegado."

ZEZITO DUARTE

Após colocar essa nova crença no papel, chegou a hora de comunicar o seu cérebro de que você está pronto para realizar uma mudança, e você fará isso tendo os comportamentos que descreveu acima – comportamentos que reforçam essa nova crença. Eu costumo dizer que neste momento temos que enganar a nós mesmos, nos forçando a realizar algo em que ainda não acreditamos. *Ainda.*

Você provavelmente sentirá um desconforto ao colocar esses comportamentos em prática. Lembre-se: só evoluímos quando estamos fora da nossa zona de conforto. Se está desconfortável, você possivelmente está no caminho certo.

Quando estamos em um processo de mudança de crenças, precisamos estar vulneráveis às atitudes que estamos tomando e não podemos ter medo de errar, já que aprendemos muito quando isso acontece. Mais uma vez, quero compartilhar a palavra do meu mentor e tio: "O erro é nosso maior ensinamento. Quando se cria um ambiente de segurança, com certeza você vai fazer com que as pessoas com quem tem um relacionamento mais íntimo se sintam confortáveis. Você poderá ter uma liberdade de expressão – de coração para coração. Se for um momento de raiva ou amor, não importa. Você pode dar feedback, arriscar mais, ser natural. E você aceita e se aceita".

Meu tio viveu esse ensinamento. Ele nunca teve medo de arriscar e sempre foi atraído por desafios. Zezito nasceu no interior do Paraná e foi para São Paulo cursar faculdade. Dono de uma inteligência fora do normal, destacou-se no mercado profissional desde cedo e aos 26 anos já era diretor em uma construtora. Parte desse sucesso se deveu à sua ânsia por aprender; durante a faculdade, Zezito mudava de emprego sempre que achava que já tinha aprendido tudo que havia para aprender naquela empresa e partia para outra. Isso foi enchendo sua mochila e ajudando-o na construção do caminho que queria seguir.

Foi com ele que aprendi que os medos que nos atrapalham no alcance dos nossos objetivos são uma dor antiga, que vêm de uma necessidade que não foi atendida: "Quando nos privamos da nossa necessidade, ficamos com medo. Por isso, fique atento àquilo que te falta e busque segurança: espiritual, física, emocional, psicológica... Como a gente só tem experiência de vida, temos que buscar criar ambientes de segurança em casa, no trabalho, na vizinhança – e assim virá a coragem, o destemor".

O único
obstáculo
para atingir
seus
objetivos
é você
mesmo.

A VISUALIZAÇÃO COMO ELEMENTO-CHAVE DA VISÃO DE FUTURO

Falamos anteriormente sobre visão de futuro, que é o objetivo que você quer atingir, o lugar aonde quer chegar. Agora, quero falar de importância de você visualizá-la para conseguir chegar a ela. Segundo a neurociência, quando visualizamos, o cérebro capta 90% mais de informação do que captaria de outra forma.[1] Quando visualizamos, nosso cérebro fica mais focado no que desejamos. Nós, seres humanos, nascemos com uma enorme capacidade de imaginar, mas vamos perdendo isso ao longo da vida. Pense em quando você era criança: qualquer pedaço de papel virava uma brincadeira, tudo graças à sua imaginação. Esse ensinamento também foi reforçado pelas experiências do meu mestre, meu tio Zczito. De acordo com as vivências dele, os índios usam histórias como forma de repassar ensinamentos, o que estimula a imaginação.

A verdade é que tudo o que conseguimos realizar na nossa vida foi antes visualizado, mesmo que não tenhamos consciência disso.

Um famoso caso relatado no documentário *O segredo* é prova disso. Uma pessoa fez um painel com recortes de fotos mostrando a casa que gostaria de comprar e, anos depois, conseguiu adquirir a mesma casa que estava na foto! Sugiro que faça um painel como esse, mostrando tudo o que deseja

---

[1] Hyerle, D. (2000). *Thinking Maps: Visual Tools for Activating Habits of Mind.* A. L. Costa & B. Kalleck (Eds.). Alexandria, VA: ASCD.

conquistar em sua vida, sejam esses desejos bens materiais ou não. O painel funciona para qualquer objetivo que tiver, o importante é mantê-lo à vista, para que você seja sempre lembrado daquilo que deseja.

Quero propor agora um rápido exercício de visualização: feche os olhos por três minutos e se imagine realizando a sua visão de futuro, conquistando aquilo que desejou. Faça isso de forma presente e comprometida, para que dê resultado - e, como tenho recomendado sempre, prepare o ambiente antes de começar o exercício. Após a visualização, responda as questões abaixo:

1) Onde você se viu?
___
___
___

2) Que pessoas estavam lá com você?
___
___
___

3) Quais sensações você sentiu?
___
___
___

4) Em quanto tempo a visão de futuro se realizou?
_____
_____

Responda essas perguntas com o máximo de informações. Quanto mais detalhada for a sua visualização, melhor. Não existe um limite para a nossa visão de futuro, você pode desejar o que quiser, mas precisa ter liberdade e clareza, definir os detalhes, ou não terá sucesso. O tempo para conquistar o que deseja vai depender de você, de como se sente.

Chegou a hora de compartilhar. Compartilhando sua visão de futuro, você poderá encontrar pessoas que tenham os mesmos objetivos ou que podem, de alguma forma, te ajudar a chegar até eles. Por isso, sugiro que mostre sua visão de futuro, ou seu painel do futuro, para o máximo de pessoas possível. No mínimo 10! Pode parecer muito, mas, quanto mais pessoas souberem, maiores serão suas chances de encontrar parceiros para a sua jornada. Quando ainda não vivia plenamente seu propósito de estar em conexão com a natureza, meu tio Zezito conheceu uma pessoa que compartilhou com ele alguns ensinamentos que emprega até hoje em sua vida:

"No fim dos anos 1970, eu estava fazendo uma obra enorme na região de Pilar, na Bahia. Em um fim de semana, peguei um carro emprestado – um Fusca – para ir até

Juazeiro. Eram 70 quilômetros de estrada de terra até chegar à cidade. Uma estrada perigosa, cheia de jegues e cabras, com risco de assalto. Saí às 15 horas e acabou que um pneu furou, por causa das pedras. Eu não tinha o que fazer nem para onde ir. Quando vi uma cabra passando por mim, pensei: 'deve ter alguém por aqui', e quando olhei, vi a uns sete metros de mim um sertanejo sentado, com a roupa da mesma cor da paisagem. Ele me levou pra casa, que ficava a uma hora e meia a pé. Mesmo com medo, confiei nele. No caminho, ele parou em um brejo, onde havia uma poça de água com um limo verde em cima e recolheu a água com a cabaça. 'Já peguei a sagrada', disse. A casa dele era de barro com madeira, tinha uma cozinha e um cômodo onde havia uma rede e uma esteira em cima de um estrado de madeira. Eu estava morrendo de sede, e, como eu era visita, ele me deu um copo generoso da água que havia acabado de ferver e coar. Do copo dele, ele ainda jogou um pouco no chão, devolvendo a água para a terra. Conversamos, e pude conhecer mais sobre a vida dele e como ele sobrevivia no meio do sertão. A partir daquele dia, toda semana eu ficava de quinta a domingo com ele, aprendendo o que eu pudesse. Ele me ensinou tudo sobre plantas; ensinamentos que uso até hoje."

Quirino, esse sertanejo, foi um dos grandes mestres do meu tio. Uma pessoa que enriqueceu sua jornada a partir do momento que ele aceitou compartilhar suas intenções com ele. Mas ele não foi o único.

"Quando comprei minha terra na Chapada, a dona, num primeiro momento não queria vender. Eu queria um casebre na terra dela e fiz uma oferta para comprar o terreno, e a muito custo ela aceitou vender. Para ser justo, disse a ela que toda a produção daquele ano ainda seria dela, o que ela aceitou, mas não sem antes destinar alguns pés de plantas para mim. Rosália sabia tudo sobre aquela terra e me ensinou muito. Costumo dizer que ela tinha o dedo verde. Se eu estivesse com dificuldade de fazer alguma planta se desenvolver, era só chamá-la. Ela sempre chegava na minha casa para trabalhar cantando. Aprendi com ela que quem trabalha com a terra precisa estar em harmonia com a natureza."

Hoje, meu tio é referência no ensinamento dos conhecimentos indígenas ancestrais, sendo reconhecido por tribos indígenas no Brasil e no exterior. É constantemente convidado para palestrar em diversas partes do país, da América do Sul e da Europa. Eu tive a oportunidade de realizar algumas formações em empresa ao lado do meu tio. Juntos criamos o curso "Do ego para a alma", que levou para o âmbito corporativo tradições indígenas. Zezito traduziu esses ensinamentos para os dias atuais, e foi impactante ver a forma como eles se conectavam com os sete níveis de consciência de Barrett e os níveis neurológicos de Dilts. Foi um prazer dividir os "palcos" com ele e aprender ao mesmo tempo que ensinava nossos orientandos. Um real mergulho na alma dos participantes.

Vivendo há 40 anos na Chapada Diamantina, construiu um hotel – Pousada Riachinho –, para onde vou sempre que preciso recarregar as minhas energias e aprender mais com sua sabedoria.

PLANEJE-SE

Quando visualizamos, estamos praticando imagem+ação. Mas, entre a imagem e a ação, há o planejamento. De nada adianta ter uma visão de futuro nítida, bem definida, se você não souber como chegar até ela. Depois de sonhar, é hora de colocar os pés no chão, se planejar e definir boas metas. E o que faz uma meta ser de fato boa? Ser clara e objetiva, além de facilmente mensurável, ou seja, precisa estar evidente se foi atingida ou não. Não há espaço para a dúvida.

Muitas pessoas não atingem seus objetivos porque falham nessa tarefa.

Basicamente, uma boa meta precisa responder a três perguntas:

1. **Como?** Ou seja, quais ações eu devo tomar.
2. **Quando?** Em quanto tempo eu realizarei essas ações.
3. **Onde?** Em que lugar ou momento do dia farei essas ações.

Costumo dizer que, para alcançar um objetivo, precisamos definir metas de curtíssimo prazo, metas de médio prazo e metas de longo prazo. Principalmente se for um objetivo com um impacto muito grande na nossa vida. As metas de curtíssimo prazo são aquelas a serem realizadas amanhã ou daqui a três dias. As metas de médio prazo podem chegar a seis meses. As metas de longo prazo são para serem realizadas dentro de seis meses ou mais.

Vamos supor que você seja fumante e consuma dois maços de cigarro por dia. Seu objetivo é parar totalmente de fumar dentro de um ano, mas você fará isso aos poucos, colocando algumas "submetas" ao longo da sua jornada em direção a essa visão.

> **Meta de curtíssimo prazo** – Cada maço tem 20 cigarros, vou reduzir meu consumo para um maço e meio, ou seja, 30 cigarros diários pelo próximo mês, começando amanhã.
>
> **Meta** – Em seis meses, reduzir para um maço por dia.
>
> **Meta de longo prazo** – Em um ano, parar por completo o consumo.

COMO TRAÇAR METAS

Você talvez já tenha ouvido falar das Metas Smart, criadas por Peter Drucker. Elas funcionam como um ótimo guia na hora de definir as metas que o levarão à sua visão de futuro. Além de ser a palavra para inteligente em inglês, SMART é um acrônimo que explica como uma meta deve ser para que seja mais facilmente alcançada:

> **Specific (Específica)** – Precisa ter o máximo de detalhes possível. Não posso dizer apenas que a minha meta é "emagrecer". Para que ela seja específica, preciso dizer: "emagrecer 15 quilos em um ano", por exemplo. Estou especificando quanto quero emagrecer e em quanto tempo.

***Measurable* (Mensurável)** – Minha meta precisa poder ser avaliada, medida, para eu saber se ela está dando certo. O peso, por exemplo, é algo mensurável, eu consigo saber exatamente quanto eu perdi e se está dentro do planejamento previsto.

***Achievable* (Alcançável)** – Não posso definir uma meta inalcançada, como "perder 15 quilos em um mês". Você sabe que é impossível realizar algo tão grande em tão pouco tempo. Definir uma meta como esta só o fará desistir de buscá-la.

***Relevant* (Relevante)** – A meta precisa ser importante para você, só assim você irá atrás dela. De nada vai adiantar colocar emagrecer como objetivo se isso não for importante para você.

***Time Based* (Temporal)** – Qualquer meta precisa ter um prazo. Se eu simplesmente disser que quero emagrecer 15 quilos, mas não especificar em quanto tempo, não saberei se estou conseguindo conquistar aquilo que desejo.

Para que você se comprometa ainda mais com as suas metas, vou pedir que você encontre um "guardião das metas", aquela pessoa que acompanhará a sua evolução e cobrará ações para que você realize aquilo a que se propôs. Pode ser qualquer pessoa, desde que ela tenha liberdade de te cobrar e se comprometa a acompanhá-lo durante todo o processo.

Finalizo esta seção com uma reflexão: metas são regras.

Transforme seus sonhos em visão. Depois transforme essa visão em metas inteligentes.

PLANO DE AÇÃO

Chegou o momento de transformar suas metas em um plano de ação. Um bom plano precisa ser facilmente reconhecível, para que você tenha consciência de onde está e de quanto falta para atingi-las. Deixo a seguir uma sugestão de plano de ação, mas o ideal é que você encontre o modelo que funcione melhor para você.

Meta: _____	Prazo de início	Prazo de fim	Realizado?	Comentários
Ação 1 _____				
Ação 2 _____				
Ação 3 _____				

Meta: _____	Prazo de início	Prazo de fim	Realizado?	Comentários
Ação 1 _____				
Ação 2 _____				
Ação 3 _____				

Meta: _____	Prazo de início	Prazo de fim	Realizado?	Comentários
Ação 1 _____				
Ação 2 _____				
Ação 3 _____				

Depois de registrar as suas metas no plano de ação, comece a colocá-las em prática o quanto antes. Segundo a Pirâmide de Glasser, criada pelo psiquiatra americano William Glasser, retemos muito mais informação (80%) quando praticamos. Podemos aplicar essa teoria em nossa busca por novos hábitos. Pratique, pratique, pratique! É dessa forma que você irá incorporar novos hábitos. Não perca tempo!

10%	simples leitura
20%	ao escutar alguém falando
30%	ao assistir a um vídeo ou observar algo
50%	ao escutar e observar ao mesmo tempo
70%	ao conversar ou debater sobre o tema
80%	ao fazer, escrever ou praticar
95%	ao ensinar alguém

Fonte: baseado em: https://blog.saraivaeducacao.com.br/piramide-da-aprendizagem/. Acesso em: 28 nov. 2022.

E não se esqueça de marcar sempre que uma meta for alcançada; essa ação pode parecer "boba", mas é importante para manter a motivação. Quando conseguimos finalizar uma atividade à qual nos dedicamos, nosso cérebro libera hormônios como dopamina e ocitocina, responsáveis pela sensação de prazer, pelo nosso humor e pela diminuição da ansiedade.

Planeje e siga em direção ao seu resultado extraordinário dando um passo de cada vez. Abra-se para a grande oportunidade de aprendizado que está diante de você. Aproveite a jornada e lembre-se: é importante cumprir metas, mas o mais importante é perceber a pessoa que você se tornou no fim do percurso. Ou, como diz meu tio: "Transformar herança em legado. Se você deixar bens materiais, muitas vezes as pessoas não saberão o que fazer com eles. É importante ter algo maior para passar, não apenas bens. O meu legado para os meus filhos é seguir o caminho do coração. Não existe outro caminho na vida".

"Ser perseverante é manter o foco e ter clareza da intenção."

ZEZITO DUARTE

No que você precisa acreditar mesmo não acreditando agora? Saia fazendo. Só assim você conseguirá comunicar seu cérebro, a todo momento, de seu novo Eu. Como já falei antes, essa caminhada rumo à realização e transformação pessoal exige paciência e resiliência, assunto que será tema da nossa próxima dimensão.

Embora ainda não tenhamos falado sobre resiliência, algo que faremos agora, posso dizer que, só por ter chegado até aqui, você é uma pessoa com habilidade para resistir e reagir às adversidades. O caminho até sua visão de futuro não é fácil – e tenho certeza de que algumas pessoas desistiram –, mas agora você está mais perto do seu objetivo. Parabéns por ter chegado até aqui!

Parte 4

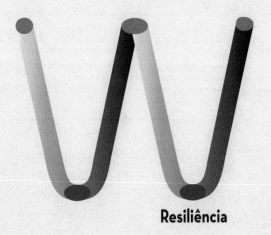

Resiliência

Resiliência:
Você mais forte

Você deve se lembrar do conceito de resiliência que aprendeu na escola: a propriedade de um material de retornar à forma ou posição original depois de cessada a tensão incidente sobre ele. Porém, na nossa vida diária, e neste livro, o termo é empregado de uma forma um pouco diferente. Resiliência é a nossa capacidade de cair e levantar rapidamente. Perceba que eu não disse "não cair", porque cair todos nós vamos, faz parte da vida. Mas pessoas resilientes têm uma capacidade única de se recuperar e voltar para o caminho com rapidez.

Para o psicólogo clínico Raphael Rose, que durante mais de dez anos conduziu estudos sobre resiliência e estresse na NASA, ser resiliente significa encarar o estresse – não eliminá-lo – e aprender com os próprios erros. Para Rose, mudar um comportamento não é fácil. Mudanças de comportamento lentas e graduais têm mais chance de serem bem-sucedidas e duradouras. Quando tentamos mudar nosso comportamento de maneira brusca, logo falhamos e acabamos desistindo. Outro fator importante na hora de mudar um comportamento é ter compaixão por você mesmo. Não seja tão autocrítico. Se falhar ao tentar adotar um novo comportamento a que havia se proposto, perdoe-se. Se você agir com compaixão, é mais provável que consiga alcançar a mudança de comportamento.[1] Fracassar é não tentar.

A quarta dimensão da Metodologia W, Resiliência, é o ponto de virada da sua jornada em busca dos seus objetivos e é essencial para mudança de comportamento. É neste ponto, quando começar a colocar em prática tudo que planejou até aqui, que você se verá diante das maiores dificuldades e terá de ser muito resiliente.

Minha vida sempre demandou muita resiliência, e quando decidi montar minha primeira empresa de treinamento de lideranças não foi diferente. Quando contei meus planos para as pessoas próximas, ouvi que eu era louco, que não ia dar certo, que eu não deveria largar um emprego com um

---

1 https://www.ted.com/talks/raphael_rose_how_failure_cultivates_resilience. Acesso em: dezembro de 2022.

ótimo salário para começar uma empresa do zero, sem garantias de que seria bem-sucedido.

Nessa época, eu estava com 30 anos e um filho de 6, e, mesmo contra todos os prognósticos de amigos e até de familiares, eu tinha que arriscar. Precisei me mostrar resiliente para não desistir diante das negativas e descrenças alheias. Durante um ano fiquei à frente da minha nova empresa, sem conseguir tirar nenhum rendimento. Quando percebi que não conseguiria, naquele momento, me sustentar com a minha empresa de treinamentos, resolvi voltar para o banco. Embora fosse um trabalho do qual eu não gostava, agora eu tinha um objetivo claro ao voltar para ele: ganhar o suficiente para me manter enquanto buscava realizar o meu sonho.

Só erra quem faz; veja o erro como uma oportunidade de aprender na prática.

QUATRO PASSOS PARA A MUDANÇA DE COMPORTAMENTO

No capítulo anterior, falamos sobre a importância de mudar o seu comportamento para se livrar de crenças limitantes. Quero aprofundar um pouco mais esse assunto e falar sobre o que chamo de quatro passos para a mudança de comportamento.

1. **Entender o que precisa ser mudado** – O primeiro passo é entender o que você quer mudar e começar a colocar a nova crença em prática, mesmo sem acreditar. Você já deu esse passo no capítulo sobre o eu e criou o seu plano de ação, só precisa colocá-lo em prática.

2. **Comunicar o seu cérebro** – O segundo passo é criar estratégias para sempre se lembrar do que quer e/ou precisa mudar. Pode ser colocando post-its ou objetivos que estejam ligados a essa nova atividade em lugares visíveis da casa, para que sempre esteja lembrando do novo comportamento que deseja adotar.

3. **Se respeitar** – Dar o tempo necessário para que a mudança ocorra, sem se cobrar demais ou desanimar diante dos primeiros desafios.

4. **Mensurar** – O último passo é encontrar formas de avaliar se você está conseguindo mudar o seu comportamento. Uma boa maneira de fazer isso é

colocando metas ou pedindo ajuda para pessoas de seu convívio. Para isso, eleja um guardião, alguém que acompanhe e ajude de forma consistente no seu desenvolvimento.

Para mudar nosso comportamento é preciso uma dose de "insistência". Uma das características do nosso cérebro é ser plástico, ou seja, capaz de criar novas conexões, que levam a diferentes hábitos. As nossas conexões mentais são caminhos que foram construídos ao longo da nossa vida, e as usamos sempre da mesma forma por estarmos "acostumados" a elas. Para estabelecer qualquer novo comportamento, é necessário criar novos "caminhos".

Costumo comparar essas conexões mentais com um rio. Ambos seguem seu curso, mas é possível abrir novos canais para levar nós mesmos e as águas mais longe. Mas, para isso, é necessário enfrentar alguns obstáculos, remover pedras e outros elementos. Porém, conforme vamos percorrendo o recém-aberto caminho, abrimos espaço para que tudo flua.

É o que venho dizendo ao longo do livro: a prática nos leva à mudança consistente. Por isso precisamos colocar em prática os nossos novos comportamentos, mesmo quando não estamos acostumados a eles e nos sentimos desconfortáveis. O exercício diário nos levará, com o tempo, de volta à nossa zona de conforto e nos fará incluir um novo comportamento à nossa rotina, fazendo com que deixe de ser penoso e passe a ser natural.

Não desista caso não consiga realizar uma das suas metas. Nessa hora, avalie se deve persistir no caminho traçado ou rever as suas metas. Só não faça isso antes de tentar. Nosso cérebro precisa de tempo para mudar os seus padrões. Não seja nem muito rígido nem muito flexível, e dê tempo para as suas ações fazerem efeito. Dar um tempo é se respeitar.

Outra coisa que costumo falar em minhas palestras e treinamentos é a importância de colocar as metas em prática o mais rápido possível. Querer planejar tudo nos mínimos detalhes, levantar todas as hipóteses, deixar tudo perfeito antes de ir para a ação pode fazer com que desista de manter esse novo hábito – ou, pior, adie tanto até acabar deixando de lado.

Eu sou defensor do fazejamento para não dar tempo de o cérebro e sua tendência a ser negativo nos frearem antes mesmo de começarmos. O "e se" é a morte – você inevitavelmente estará pensando no que vai dar errado.

Vou dar um exemplo que considero muito poderoso: você já parou para observar como funcionam as startups, empresas famosas por estarem sempre inovando? Elas têm como uma de suas bases a chamada "cultura de experimentação", que nada mais é do que colocar ideias em prática para ver se elas funcionam, mesmo aquelas que não estão totalmente desenvolvidas e testadas internamente. Se uma empresa está disposta a experimentar novos "hábitos", podendo perder dinheiro por isso, por que você, que não tem nada a perder, não o faria? Existe uma espécie de ditado entre as empresas de tecnologia que diz que, se você não tem vergonha da primeira versão que disponibilizou de um produto, é porque demorou muito tempo para lançá-la. Ou seja, você precisa tirar as suas ideias do papel o quanto antes.

Contei tudo isso para reforçar a ideia de sair fazendo, de executar as metas que você definiu anteriormente. Experimente, teste, inove a sua vida e o seu comportamento.

Sei que isso pode nos desestabilizar, nos lançar ao caos, e ninguém quer viver no caos. Sempre procuramos a ordem, a organização, sem perceber que é o caos que nos permite criar. Ele é essencial para a inovação.

O ex-CEO da Visa, Dee Hock, criou até uma teoria, que ficou conhecida como "caórdica", que é a fusão entre caos e ordem. Segundo ele, o caos e a ordem são a base das relações e inovações mais complexas e, por isso, precisamos aprender a conviver com essas duas realidades.

A prática
nos mostra
o que nem
nós sabíamos
de que
éramos
capazes.

O PODER DO AINDA

Para a psicóloga Carol Dweck, autora de *Mindset – A nova psicologia do sucesso*, muitos de nós vivemos a tirania do agora, querendo resultados logo na primeira tentativa, enquanto deveríamos cultivar o que ela chama de "poder do ainda". Segundo Dweck, quando nos empenhamos em uma atividade, em buscar um objetivo, e ainda não atingimos o resultado esperado, devemos pensar que "ainda não" conseguimos, em vez de encarar o resultado negativo, ou o não resultado, como algo definitivo, que não pode ser mudado. O ainda reforça a resiliência, a autocompaixão.

As pessoas que conseguem empregar o poder do ainda são consideradas indivíduos de mentalidade de crescimento, ou seja, estão mais abertos, acreditam que as habilidades podem ser desenvolvidas. Elas se opõem àquelas de mentalidade fixa, que julgam ser impossível mudar, que são do jeito que são. Comportamento que mina a resiliência.

Vamos pensar que um dos seus objetivos de longo prazo seja falar inglês fluentemente e que você frequente aulas com assiduidade e se dedique a aprender. Porém, no seu primeiro teste, a nota não é tão boa quanto você esperava. Muitas pessoas podem encarar esse "fracasso" como algo permanente, como uma amostra de que não é capaz e que nunca atingirá o resultado que espera. Esse é um típico caso em que você deve usar o poder do ainda: "Eu ainda não sou fluente em inglês, mas em breve serei". Esse pensamento ajuda a reforçar que a falha faz parte do processo e que você não irá desistir antes de conseguir.

Empregue essa técnica durante a sua jornada ao longo da Metodologia W.

SAIBA PEDIR AJUDA

Quantas vezes você se viu diante de um problema – pessoal e profissional – e se percebeu sem recursos para resolvê-lo sozinho? Em quantas dessas vezes você pediu ajuda? Uma importante ferramenta da resiliência é saber a hora de pedir ajuda. Pessoas resilientes conhecem seus pontos de atenção e *reconhecem* quando precisam da ajuda de alguém. Não tenha medo nem vergonha, peça ajuda às pessoas em quem confia e que podem oferecer novos ensinamentos e conhecimentos para você.

É importante ter em mente que essa ajuda não deve ser usada como uma muleta sempre que você tiver um problema, ela deve servir como um aprendizado.

O problema não é o problema em si, mas como a gente lida com ele.

Uma das coisas mais interessantes ao se pedir ajuda é notar que sempre haverá alguém disposto a ajudar. Eu presenciei isso todas as vezes que precisei que alguém me ajudasse. Uma das demonstrações do poder de pedir ajuda que mais me emociona ocorreu durante a separação da minha primeira esposa. Liguei para o meu pai, que morava em Portugal na época, e, no dia seguinte, ele estava aqui no Brasil, ao meu lado, para me apoiar. Ele percebeu que eu precisava de ajuda e se dispôs a isso na hora. Certa vez, quando estava em dúvida se deveria ou não mudar de emprego, procurei amigos e conhecidos para saber o que achavam dessa mudança. Praticamente todos me disseram para não ir, e, ao ver o ponto de vista deles, pude tomar uma decisão mais consciente. A verdade é que, quando a gente pede ajuda, nossos horizontes se abrem.

ENERGIAS WARANA

O conceito das energias Warana é uma adaptação da teoria apresentada por Jim Loehr e Tony Schwartz no livro *Envolvimento total*. Na obra, os autores falam sobre quatro tipos de energia que são a base da nossa vida: física, mental, emocional e espiritual. Eu acrescentei mais uma, a financeira, já que não podemos ignorar que, na sociedade atual, não podemos viver sem dinheiro. Ele inclusive nos ajuda a alcançar o equilíbrio em outras energias, como a física – ao nos permitir pagar por um plano de saúde e bons médicos – e a emocional – custeando momentos de lazer.

Para avançar na busca por seus objetivos, é imprescindível que essas energias estejam equilibradas. Pense nos pés de uma cadeira: se um quebrar ou for menor que o outro, a cadeira perde a utilidade. Com as nossas energias, acontece algo parecido: se uma delas estiver em falta, dificilmente você conseguirá seguir a sua jornada de forma satisfatória – e saudável.

ENERGIA FÍSICA

Aqui é hora de olhar para o seu corpo. Como você está se sentindo? Tem feito atividade física com frequência? Tem se mantido hidratado? Como está a qualidade do seu sono? E a sua alimentação? Tem feito um checkup anual, com visitas a médicos e exames?

A energia física impacta diretamente nossa criatividade, nosso controle emocional na nossa concentração. Indivíduos com a energia física equilibrada costumam ter melhor desempenho em atividades mentais do que aqueles que estão com a energia física em baixa. Essa é a energia mais silenciosa, que demora para dar sinal. Quando deixamos, por exemplo, de fazer exercícios, não percebemos de imediato como a falta de atividade afeta o nosso corpo. As alterações começam logo nos primeiros dias, mas podemos levar meses para notar e sentir os efeitos.

Alguns fatores a que você deve prestar atenção quando for avaliar a sua energia física: força, resistência e flexibilidade.

ENERGIA MENTAL

Você tem dedicado um tempo para cuidar da sua saúde mental? Sente sua mente muito cansada, sem foco, com lapsos de memória? Dificuldade de concentração na hora de realizar alguma tarefa, como ler um livro, pode ser sinal de que sua energia mental está baixa.

ENERGIA EMOCIONAL

Tem conseguido realizar atividades que são prazerosas para você, que te deixam feliz? Tem passado um tempo com você mesmo e com sua família? A energia emocional afeta a nossa capacidade de nos relacionar, de encarar as dificuldades com tranquilidade e, veja só, de ser resiliente. Se você sente que algum desses fatores não anda bem, talvez seja porque a sua energia emocional precisa ser recarregada.

ENERGIA ESPIRITUAL

A energia espiritual está ligada ao nosso compromisso com o nosso propósito, com os valores que cultivamos e com o respeito aos valores daqueles com quem convivemos e interagimos. Você tem vivido de acordo com valores que são importantes pra você?

ENERGIA FINANCEIRA

Essa costuma ser motivo de grandes divergências. Você tem acompanhado suas finanças de perto ou prefere nem olhar, para não ter dimensão do estrago? A energia financeira é muito importante, já que ela afeta todas as outras energias e é capaz de trazer conflitos para dentro das relações. Por isso, dê atenção a ela. Veja como você está gastando o seu dinheiro, analise se está fazendo isso de forma saudável e, se tiver um companheiro, converse com ele sobre a saúde financeira de vocês. Não deixe que o tema dinheiro se torne um tabu na sua vida e no seu relacionamento. Juntos vocês poderão encontrar a melhor maneira de equilibrar essa energia. Cada vez mais pessoas estão preocupadas em trabalhar sua energia financeira e atingir a tão sonhada independência. Não à toa, um dos cursos da Warana com maior procura é o "Liberdade Financeira".

Todas as nossas energias estão conectadas. Os rituais são essenciais para atingirmos o equilíbrio e nossa melhor performance.

Mapeando as suas energias

Não existe um método científico para avaliar como estão as suas energias; esse mapeamento depende 100% da sua sinceridade. Dê uma nota de 0 a 10 para cada uma das suas energias pintando as colunas abaixo.

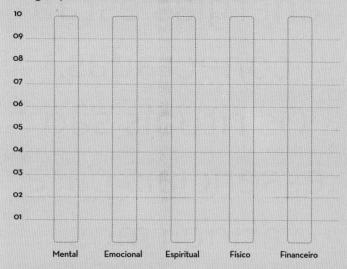

Durante o exercício reflita sobre as atitudes que podem estar atrapalhando o equilíbrio das suas energias, principalmente as que estão com nota mais baixa. Aproveite para pensar em estratégias para mudar esses comportamentos.

Para que você identifique – tenha consciência – quais comportamentos precisa mudar, nada melhor do que um feedback daqueles com quem convive. Sei que muitas vezes encaramos o feedback como algo ruim – e ele pode ser, se a pessoa que o estiver dando não souber como conduzi-lo da maneira correta –, mas ele deve ser encarado como uma ferramenta de autoconhecimento e crescimento.

Nesse processo, você encontrará dois tipos de pessoas: aquelas que falam o que precisa ser dito e as que dizem o acham que você quer ouvir. Procure estar com pessoas do segundo tipo e tente ser assim também nas suas relações. A sinceridade é essencial na construção de relações duradouras. Eu encaro o feedback como um presente, um ato de amor, já que ele me oferece a oportunidade de mudar o que não está bom e, dessa forma, me tornar uma pessoa e um profissional melhor.

O que vou propor aqui não é uma sessão de feedback formal, mas uma conversa com as pessoas que melhor te conhecem. Quero que você procure dez pessoas e faça as seguintes perguntas para elas:

1) O que eu preciso parar de fazer?
   _____
   _____

2) O que eu preciso começar a fazer?
   _____
   _____
   _____

3) O que eu preciso continuar fazendo?
   _____
   _____

4) O que eu preciso fazer mais (algo que já faz mas poderia fazer melhor e com mais frequência)?
   _____
   _____

Essas perguntas – e as respectivas respostas – serão a base de uma atividade chamada "Eu me comprometo". A ideia é anotar as características que foram apontadas por mais pessoas e se comprometer a trabalhá-las em você.

Agora, relacione os comportamentos citados com as cinco energias, como no exemplo abaixo.

ENERGIA	Parar	Começar	Continuar	Fazer mais
Mental	Estar conectado ao celular o tempo todo.	Desligar o celular ou deixar longe de você (numa caixinha para essa finalidade) durante as refeições.	Dedicar pelo menos 30 minutos por dia à leitura de um livro (em papel ou tablet) ou outra atividade prazerosa para você, sem interromper para checar o celular.	No fim de semana, olhar o celular apenas de manhã e no final do dia, para responder as mensagens realmente urgentes; e dar preferência a programas sem tela.

Recomendo preencher o quadro à mão ou no computador (e depois imprimir), e deixar em algum lugar onde possa ser visto com frequência, para servir como um lembrete. Na plataforma Conecta, da Benvirá, deixamos um modelo para você. É só acessar o link a seguir:

https://somos.in/TCTP1

RITUAIS PARA RECARREGAR A ENERGIA

As nossas energias precisam ser sempre recarregadas para que estejam equilibradas e nós, saudáveis. Como você pode fazer para recarregar as suas energias? O conselho aqui é criar rituais. Pense em atividades que, quando você realiza, sente que trazem benefícios para cada uma das cinco energias e se organize para realizá-las com mais frequência, incluindo-as em sua rotina. Compartilho alguns dos meus rituais para ajudá-lo a pensar nos seus:

Energia física
Eu tenho o hábito de correr quatro vezes por semana. Sinto que essa atividade traz uma satisfação para o meu corpo e meu cérebro. Se você não está habituado a correr, não acha que esta é a hora certa de começar ou não é a sua praia, pode pensar em outros rituais. Deixo aqui alguns exemplos: tomar pelo menos dois litros de água ao longo do dia para manter a hidratação, fazer pequenas pausas no trabalho, procurar ter pelo menos 7 horas de sono por noite.

Energia emocional
Eu tenho alguns rituais muito importantes para essa energia. Uma vez por semana, dedico um tempo exclusivo para o meu filho, realizando alguma atividade de que gostamos. Atualmente, por exemplo, estamos aprendendo a jogar golfe juntos.

Outras formas de recarregar sua energia emocional são, por exemplo, contar uma história para seus filhos antes de eles dormirem ou desligar o celular quando chega em casa para passar um tempo de qualidade com a sua família, tendo conversas olho no olho, e não mediadas por uma tela.

Energia mental
Algo que eu gosto muito de fazer é assistir a TED Talks; essas apresentações me ajudam profissionalmente e trabalham minha atenção e foco em novos conhecimentos. Eu dedico ao menos uma hora por semana para isso.

Dependendo do seu gosto, você pode repor sua energia mental reservando pelo menos 20 minutos do seu dia para leitura, organizar seu espaço de trabalho e sua lista de atividades para a semana, tudo para deixar sua mente mais focada.

Energia espiritual
Aqui não me refiro a religião, mas a se conectar com algo maior. Eu, por exemplo, medito quatro vezes por semana. Inclusive, há um espaço na minha casa preparado para a prática. É um local que me traz paz e propicia a reflexão. Como falei anteriormente, essa energia está relacionada aos seus valores, por isso você pode recarregá-la dedicando um tempo a rever seus valores.

Energia financeira
Muitas pessoas podem achar que esta energia não é importante, mas ela pode ajudar na hora de equilibrar as outras. Para manter essa energia em alta, eu tenho uma planilha

com todos os valores que recebo e gasto. Esse controle me traz a tranquilidade de que tudo está sob controle – mas sem obsessão e sem me impedir de viver o tempo presente.

Para que esse processo seja mais efetivo, faça uma revisão de seus rituais a cada nove meses. Tire um tempo para analisar se eles estão realmente incorporados à sua rotina e se estão sendo eficientes na recarga das suas energias. Se achar necessário, escolha novos rituais que pareçam mais eficazes.

HORA DE COLOCAR SUAS METAS EM PRÁTICA

A dimensão Resiliência é o momento de colocar em ação tudo o que você planejou até aqui. Se não estiver seguro de ter conduzido a Metodologia W com a dedicação necessária para seguir em frente, esta é a hora de parar e rever, já que são essas as ações que vão levá-lo à próxima e final dimensão: Poder.

Quando estiver seguro, coloque suas metas em um lugar visível. Eu, por exemplo, costumo deixar as minhas coladas numa parede do meu escritório. Assim, sempre que estou lá, consigo visualizá-las e lembrar da importância de cada uma delas.

Lembre-se de que as metas são o caminho que você vai seguir e, por isso, deve estar seguro de como irá cumpri-las.

Parte 5

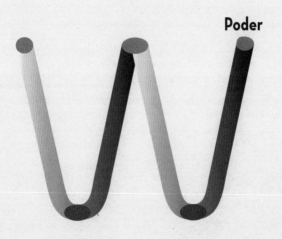
Poder

Poder:
Você no seu lugar

Bem-vindo à quinta e última dimensão da Metodologia W!

No caminho até aqui, você aprendeu meios efetivos para alcançar sua visão de futuro e, mesmo que ainda – repito, ainda – não tenha mudado seus comportamentos, é importante que tenha consciência do seu aprendizado e procurado colocar alguns ensinamentos em prática no seu dia a dia. O objetivo deste capítulo é recapitular os principais pontos do conteúdo e analisar seu avanço até aqui. A ideia não é "julgar" o que você fez, e sim reforçar a ideia central de cada tópico. Peço, mais uma vez, que você seja 100% honesto com você mesmo, para que possa identificar em que pontos já avançou e o que ainda precisa ser trabalhado com mais afinco.

Mas, antes de começarmos, precisamos determinar o que é o poder na Metodologia W. Uma pessoa que tem poder vive de forma mais consciente, sabe quais são seus objetivos, consegue olhar para sua vida de outra perspectiva – de um lugar privilegiado – para encontrar soluções para o que precisa, tem consciência de suas dores e seus medos e do tempo que precisa para chegar aonde deseja, conhece seus pontos fortes e sabe como valorizá-los. Ter poder é ter a oportunidade de ser quem é e de viver com abundância.

VIDA EM ABUNDÂNCIA

Como expliquei logo no começo do livro, minha visão de futuro é trazer abundância para as pessoas. Para mim, abundância é levar uma vida em que suas necessidades sejam satisfeitas e não lhe falte nada. Embora eu não vincule a abundância exclusivamente ao acesso a bens materiais, não podemos negar que, para tê-la, é necessário estar saudável financeiramente.

Muitas vezes não temos abundância por acreditarmos que ela não é para nós, que não temos capacidade ou condições de alcançá-la. Mas, neste ponto do livro, espero que você já tenha consciência de que esse tipo de pensamento é uma crença limitante, que atrapalha o seu crescimento. A partir de agora, ele não deve mais fazer parte da sua vida.

Para alcançarmos uma vida com poder e abundância, precisamos estar conscientes daquilo que temos de melhor. Na Parte 1, falamos sobre os superpoderes, aquelas características que nos fazem únicos e que devem ser aprimoradas para aumentar ainda mais nosso potencial. Como você trabalhou para potencializar os pontos fortes que elencamos anteriormente? Quais pontos você ainda precisa desenvolver? Descobriu outras coisas em que é bom ao longo da sua jornada? Como eles podem ajudá-lo a chegar na sua visão de futuro?

Você definiu a sua visão de futuro e seu propósito antes de conhecer mais sobre a metodologia. Agora quero que me diga: eles permanecem ou não os mesmos e por quê? Vale sempre lembrar que eles não são imutáveis, e é inclusive saudável revisitá-los de vez em quando para ver se ainda estão alinhados com quem você é ou deseja ser. Você gostaria de traçar uma nova visão de futuro? Em quanto tempo acha que alcançará o que deseja? Como você tem colocado o seu propósito em prática? Quais dificuldades tem encontrado?

Um dos primeiros assuntos que abordamos foram os níveis neurológicos de Robert Dilts. Segundo a teoria de Dilts, só mudamos nosso comportamento quando conseguimos atingir o nível do Eu, que está ligado à descoberta da visão de futuro. Convido-o a voltar à primeira parte e analisar em que nível você se encontrava quando iniciou a leitura do livro e onde acha que está agora. Lembrando que os níveis neurológicos estão diretamente ligados aos nossos valores e às nossas crenças, e para mudarmos nossa posição nessa pirâmide precisamos ter plena consciência deles. Pensando em valores, você abriu mão de algum após perceber que ele não estava mais de acordo com como se sente hoje? Quais são os valores mais importantes para você atualmente?

RECAPITULANDO OS NÍVEIS NEUROLÓGICOS

Na Parte 2, falamos sobre os medos e vimos que eles muitas vezes são fruto de crenças que nos foram passadas durante a vida, principalmente na infância. Essas crenças têm potencial para se transformar em modelos mentais limitantes e minar nossas tentativas de alcançar algo diferente. Durante muito tempo eu fui governado por crenças que não me pertenciam e, embora elas tenham me ajudado em algumas grandes conquistas, me impediam de chegar aonde eu realmente queria: trabalhar com desenvolvimento humano e ajudar pessoas a encontrarem o que as faz felizes. Foi só a partir do momento que as "devolvi" para quem as havia transmitido para mim que consegui enxergar outras maneiras de pensar e agir. Ou a minha maneira. Quais crenças você conseguiu deixar para trás e quais foram reforçadas ao conhecer mais sobre a metodologia?

Chegamos à conclusão de que todos nós sentimos medo e que devemos aprender a lidar com ele de forma saudável. Eu, por exemplo, ainda tenho medo do palco. Me apresento para grandes grupos de pessoas, mas sempre sinto um friozinho na barriga antes de uma palestra ou um treinamento. Para lidar com esse medo e evitar que ele me paralise ou domine, criei meus próprios rituais: ensaio o que vou dizer e faço uma meditação antes de começar. Você criou rituais para lidar com seus medos? E mais: você consegue perceber quando será atacado por eles e quais gatilhos os disparam?

Quando saímos da nossa zona de conforto, ficamos mais sujeitos a sermos atacados pelo medo e pela insegurança, e perseguir nossa visão de futuro exige que nos aventuremos por lugares desconhecidos. Não se deixe paralisar pelo medo e nem se pergunte o que teria acontecido "se". A melhor maneira de descobrir se algo dará ou não certo é colocando em prática. Arrisque-se!

Agora me diga: para sair de sua zona de conforto e colocar seu propósito e sua visão de futuro em prática, quais medo precisou enfrentar? Como você lidou com eles? Quais sensações você sentiu?

Quando falamos sobre consciência, na Parte 3, trouxe o exemplo do meu tio Zezito, uma pessoa que conhece a fundo seu propósito e vive plenamente seus valores e suas crenças. Pessoas como meu tio são raras, mas são um ótimo exemplo para quem quer empreender uma mudança em sua vida. Mas, para realizar uma mudança real na sua vida, você precisa saber como definir boas metas, que sejam alcançáveis. Para que a mudança ocorra aos poucos, podemos traçar metas de curto, médio e longo prazo, e elas precisam ser específicas, mensuráveis, alcançáveis, relevantes e temporais. Metas que cumprem essas "exigências" têm muito mais chances de serem bem-sucedidas e são conhecidas como metas SMART.

METAS SMART

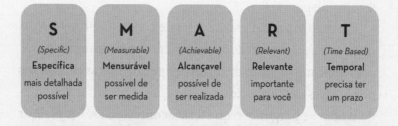

Ao falar sobre resiliência, trouxe o ensinamento da psicóloga Carol Dweck sobre "o poder do ainda", que prega que devemos encarar aquilo que não deu certo como algo que *ainda* não foi alcançado, não como fracasso. Porque muitos serão os obstáculos no nosso caminho para a mudança de comportamento real, mas não podemos desistir. Você já conseguiu encarar os desafios da sua vida dessa forma? Comece a empregar essa filosofia no seu dia a dia. É como diz aquele dito popular: "Se não deu certo é porque ainda não acabou". Lembre disso sempre que algo não sair exatamente como planejado e siga em frente.

Ressaltei também a importância de se pedir ajuda para encarar as dificuldades da sua jornada. Eu mesmo, diante de situações para as quais não via saída, recorri a pessoas de minha confiança para pedir conselhos e direcionamento. Na sua caminhada rumo à sua visão de futuro, é imprescindível se cercar de pessoas em quem possa confiar, elas serão sua consciência em momentos em que se sentir inseguro e sem ação. Você não está nem precisa estar sozinho nessa jornada de transformação. Mas é importante ter em mente que as pessoas ao seu redor são seus apoiadores, não suas muletas.

Mas de nada adianta ter seus objetivos traçados se você não estiver com suas energias em equilíbrio. Como estão as suas energias física, mental, emocional, espiritual e financeira? Sugiro voltar à Parte 4 e mapeá-las novamente. Houve diferença entre as energias antes e agora? Como você atuou para colocá-las em equilíbrio? Desenvolveu rituais para dedicar um tempo a cada uma das energias?

	O que é?	Qual ritual você tem realizado para equilibrar essa energia?
Energia física	Como você trata o seu corpo	
Energia mental	Como cuida da sua saúde mental	
Energia emocional	Atividades que te trazem satisfação	
Energia espiritual	Atitudes alinhadas com seus valores	
Energia financeira	Acompanhamento das finanças	

Como você se sente após trabalhar as suas energias? Você percebe alguma diferença na maneira como se relaciona com as pessoas a seu redor? E seus familiares e amigos, comentaram alguma mudança no seu comportamento?

Para finalizar, queria propor o preenchimento de uma matriz que resume a Metodologia W e como você navegou por ela. Sugiro que faça uma cópia, que poderá ser preenchida a cada nova visão de futuro que você almejar.

RESUMINDO SUAS AÇÕES NA METODOLOGIA W

EU

Que tipo de exemplo você quer ser?
_____
_____
_____
_____
_____

Escreva o seu propósito
_____
_____
_____
_____
_____

MEDO

Escreva quais são seus valores, pelo menos 3
1. _____
2. _____
3. _____
4. _____
5. _____

Quais seus modelos mentais limitantes? (que te limitam para você chegar no seu propósito ou visão de futuro)
1. _____
2. _____
3. _____
4. _____
5. _____

CONSCIÊNCIA

Escreva aqui seus modelos mentais potencializadores (antídotos)
1. _____
2. _____
3. _____
4. _____
5. _____

Escreva a sua visão de futuro
_____
_____
_____
_____
_____
_____

RESILIÊNCIA

Escreva aqui os rituais para suas energias e Warana

Física: _____
Mental: _____
Emocional: _____
Espiritual: _____
Financeira: _____

PODER

Escreva quais são seus superpoderes

1. _____
2. _____
3. _____
4. _____
5. _____
6. _____

O que é viver em abundância para mim?
_____
_____
_____
_____
_____
_____

Poder: Você no seu lugar

SEJA GRATO

Quero introduzir uma última característica que define pessoas que vivem com poder: a gratidão. A gratidão tem um poder de cura, ela nos livra daquele desejo de sempre querer mais, e é só quando nos livramos desse sentimento de insatisfação que podemos viver com poder e abundância. Seja grato por fazer o seu melhor com o que tem hoje. Se não cultivarmos esse sentimento, não seremos capazes de viver plenamente o futuro.

Repare nas pessoas de sucesso que estão ao seu redor: todas elas são gratas pelo que já conquistaram. Sim, elas ainda têm objetivos a serem alcançados, uma visão de futuro a ser atingida, mas sabem reconhecer a importância do que têm hoje. Costumo dizer que quem não tem gratidão pelo presente está sempre andando em direção ao horizonte. Não sei se você já reparou, mas, quando anda em direção ao horizonte, você nunca chega. Você está perseguindo um objetivo que não será capaz de alcançar.

Falar de gratidão está na moda. É impossível abrir uma rede social e não se deparar com a hashtag #gratidão. Essa palavra virou até uma forma de cumprimento em algumas situações. E esse movimento é importante para colocar esse sentimento em evidência e ressaltar quão importante é aplicá-lo no seu dia a dia. Você já pensou em dizer às pessoas os motivos pelos quais é grato a elas?

Em primeiro lugar, sou grato aos meus pais, por terem me criado com tanto amor e carinho, por serem pessoas de caráter, exemplos de seres humanos honestos, íntegros e que sempre buscaram me ensinar o melhor. Estiveram ao meu lado, cada um à sua maneira, e são meu alicerce. Ser filho deles é um privilégio.

Ao meu Tio Zito, por ser meu mentor e fonte em que bebemos para nos tornamos seres humanos melhores e que nos tira da zona de conforto quando necessário.

Aos meus irmãos, que são meus parceiros de vida. Tenho orgulho da nossa família, que, mesmo com suas diferenças, se respeita e está sempre disponível para o outros.

Aos meus amigos verdadeiros – e essa palavra, *verdadeiros*, é muito importante, porque são esses amigos que devem ser valorizados –, amigos de longa data, que sempre estão ao meu lado, inclusive nos altos e baixos da vida (que, como vimos na Metodologia W, fazem parte do fluxo natural da nossa existência). Eles me respeitam como sou, com meu pacote completo de pontos fortes e fracos, e me dizem o que muitos não têm coragem, e fazem isso por um único motivo: querem o meu bem.

À Georgia Bartolo, que me apoiou muito nesse projeto e em muitas outras conquistas. Às duas filhas que o Universo me deu. Sou muito feliz por ter a dádiva de poder participar da educação delas e me tornar amigo e parceiro de vida. Aos meus dois meninos, filhos de sangue, que me fazem querer ser um pai melhor a cada dia, entre erros e acertos, mas sempre com muito amor.

Enfim, gratidão pela vida, hoje posso dizer que sou uma pessoa que vive em abundância, pois me sinto realizado em todas as energias da minha vida, vivendo e sendo grato a cada novo dia.

> Para incentivá-lo a demonstrar sua gratidão, quero propor aqui um exercício: pense nas pessoas a quem você é grato – esse sentimento pode estar ligado a grandes ou pequenos feitos, mas é importante que seja verdadeiro – e expresse essa gratidão por meio de uma carta. Coloque sua emoção nessa carta; diga o motivo de ser grato, o que essa pessoa faz por você que desperta esse sentimento ou enalteça um talento dessa pessoa. Reconhecer o mérito alheio pode ser uma forma de agradecimento e ajuda o outro a enxergar pontos fortes que, às vezes, ele mesmo não enxerga em si. Esse é um lindo exercício que mexerá profundamente com você e com a pessoa homenageada, caso você opte por enviar a carta. Outra opção é mandar uma mensagem para essa pessoa.
>
> Para finalizar, tenho um último convite: quero que você faça uma lista de pelo menos 20 coisas pelas quais você é grato. Não pense muito, você deve anotar tudo aquilo que passar pela sua cabeça.

Agora, olhe para a lista que criou. Você consegue identificar os sinais de abundância na sua vida? Você só conseguirá viver em abundância quando for capaz de perceber e ser grato por aquilo que tem hoje.

Existe um dito popular que diz que o importante é a jornada, não o destino, e ele é muito verdadeiro. Muitas vezes, quando chegamos no nosso objetivo, ele se revela menos importante do que a pessoa que nos tornamos durante o caminho.

Experimentar a gratidão e o estado de presença é o real poder.

CELEBRE SUAS CONQUISTAS

Antes de nos despedirmos, quero falar sobre algo muito importante, mas que muitas vezes negligenciamos: a celebração das nossas conquistas. As pessoas têm a tendência – e durante grande parte da minha vida fiz parte desse grupo – a só comemorar e dar valor aos grandes feitos: a compra de um imóvel, a formatura na faculdade, o nascimento de um filho etc. Mas a verdade é que quase todos os dias conquistamos algo, porém, como costumam ser realizações menores, não damos o devido valor. Quero sugerir que, a partir de agora, você repare nas pequenas conquistas diárias, preste atenção no que está à sua volta e celebre sempre que algo bom acontecer na sua vida.

A celebração funciona como um fechamento, uma conclusão de algo a que você se dedicou. Então, agora é hora de celebrar! Você realizou um grande feito e não deve deixar isso passar em branco Foi um prazer compartilhar esta jornada com você até aqui. Tenho certeza de que a partir de agora você tem mais consciência de onde está no momento, de aonde quer chegar e de como aproveitar a viagem até a conquista dos seus objetivos. Parabéns, você está muito mais preparado para alcançar a vida em abundância de forma exponencial.

Agradecimentos

Gostaria de agradecer primeiramente à Benvirá, por acreditar neste projeto e criar todo esse ambiente para que eu pudesse realizar o sonho de deixar um legado através da Metodologia W.

Agradeço a minha família: meu pai e minha mãe, que mais do que pais são amigos e me ensinam todos os dias; meus queridos irmãos, porque família é tudo nessa vida para mim; minha companheira de jornada e de vida, Geórgia Bartolo; e meus filhos, Gabriel, Valentina e Igor – sou grato pela oportunidade de ter vocês na minha vida.

Agradeço ao Tio Zito, Danilo Lopes, Alessandra Mori e ao José Guilherme, que engrandecerem meu livro com suas contribuições. Vocês são incríveis!

E, por fim, ao meu primo André Duarte e a Fábio Palucci, por estarem sempre ao meu lado nessa jornada da evolução constante da Warana e serem meus parceiros e amigos.

É um sonho que se concretiza!